EBS 강사가 추천하는
VR 메타버스 인기학과 진로코칭

EBS 강사가 추천하는
VR 메타버스 인기학과 진로코칭

펴낸날 2022년 6월 20일 1판 1쇄

지은이 정유희·황현성·안계정
펴낸이 김영선
책임교정 이교숙
교정·교열 정아영, 이라야
경영지원 최은정
디자인 박유진·현애정
마케팅 신용천

펴낸곳 (주)다빈치하우스-미디어숲
주소 경기도 고양시 일산서구 고양대로632번길 60, 207호
전화 (02) 323-7234
팩스 (02) 323-0253
홈페이지 www.mfbook.co.kr
이메일 dhhard@naver.com (원고투고)
출판등록번호 제 2-2767호

값 16,800원
ISBN 979-11-5874-153-2 (44370)

EBS 강사가 추천하는 VR 메타버스 인기학과 진로코칭

정유희·황현성·안계정 지음

미디어숲

추천사

이 시대는 대학의 중요성보다 본인의 진로에 맞는 학과의 선택이 중요합니다. 그러기 위해서는 자신이 진학한 학과에 대한 탐색이 필요합니다. 최근 학생들은 전망이 밝은 직업군에 관심이 많습니다. 하지만 학생들이 생각하고 원하는 학과나 직업이 아직까지도 한정적이라는 부분은 항상 안타깝습니다. 이 책은 가상현실과 메타버스 관련 최근 동향과 앞으로의 비전을 보여주고 있습니다. 미래를 위해 지금 어떤 것을 공부하고 준비해야 하는지 잘 설명되어 있습니다. 이 책을 잘 활용해 본인에게 맞는 학과를 선택한다면, 대학에서 학문의 즐거움과 취업까지도 누릴 수 있으리라 생각합니다.

경상국립대 물리학과 정완상 교수

『진로 로드맵 시리즈』는 이미 시장에서 입시 전문가들과 학부모들이 찾아보는 필독서가 되었다. 이번에 출간하는 『EBS 강사가 추천하는 VR 메타버스 인기학과 진로코칭』은 최근 학생들의 선호도가 높은 가상현실에서부터 블록체인, NFT, 디지털 트윈 기술, 게임공학에 이르기까지 다양한 분야를 탐색할 수 있다. 학과뿐만 아니라 취업 후 진로까지에 대한 세부 로드맵이 담겨 있다. 이 분야를 지원하거나 관심 있는 학생들과 학부모 그리고 컨설턴트들에게는 꼭 추천할 만한 책이다.

서정대, 한국전문대학교육협의회 국제협력실장 조훈 교수

전공과 계열을 찾아가는 가이드북이 있다면 시간과 공간이 절약됩니다. 적성과 흥미를 기반으로 진로를 탐색하는 데 도움이 되는 정보는 독자들에게는 기쁜 소식입니다. 이 책은 메타버스 관련 학과를 가는 길뿐만 아니라 게임공학, 그래픽디자인학에 관한 공부를 통해 디지털 트윈 기술과 NFT를 구현할 수 있는 방법을 알 수 있습니다. 세부적인 내용으로 학과 관련 탐구활동도 할 수 있습니다. 진로를 고민하는 청소년들에게 적극 추천합니다.　호서대, 한국진로진학연구원장 정남환 교수

평소 많은 학생이 관심을 가지고는 있지만 잘 알지 못했던 분야인 가상현실 산업에 대한 소개와 최신 가상현실 산업의 동향까지 잘 알려주는 책이 드디어 출판되었다. 메타버스 관련 학과의 이해를 돕기 위해 그림 자료와 함께 최신 시사와 관련된 다양한 내용을 소개하면서 NFT, 디지털 트윈 기술, 게임제작에 이르기까지 알려주어 이 책 한 권을 통해 가상현실 산업의 흐름을 파악하는 데 도움이 될 것이다. 또한 자신의 진로를 구체적으로 설정할 수 있을 뿐만 아니라 다양한 활동을 통해 탐구로 이어나갈 수 있도록 알찬 정보를 담았다.

영남고 진로교육부장 김두용 교사

이 책은 4차 산업혁명에서 매우 중요한 메타버스의 길라잡이로 학생들에게는 가이드의 역할을 해 꿈을 이루도록 하는 데 지침서의 역할을 할 것으로 봅니다. 상담을 하다 보면 VR, 메타버스 분야에 진로를 희망해 학생부종합전형을 준비하는 학생들이 많습니다. 하지만 가상현실 분야가 어떻게 발전되고 있는지, 연구분야는 어떤 것들이 있는지, 어떤 내용을 자신의 학생부와 연결시켜야 하는지 등 다양한 배경지식이 없어 힘들어합니다. 그런 학생들에게 이 책이 징검다리가 되어 자신의 꿈에 한발 더 다가갈 수 있었으면 합니다.

오내학교 회장, 진로진학부장 정동완 교사

가상현실학과가 새로 생길 정도로 메타버스 전문 인재가 필요한 시대가 되었습니다. 그런데 학교에서 어떤 것을 준비해야 하는지 교사, 학생 모두 힘들어하고 있는 실정입니다. 또한 코로나로 인해 온라인과 메타버스 기술이 가속화되어 다양한 분야에 활용이 되고 있어요. 이 책을 보니 기술의 발전을 이해하게 되면서 조금 안심이 됩니다. 목차만 봐도 책의 깊이와 폭을 한눈에 알 수 있을 만큼 양질의 정보를 담고 있습니다. 좋은 책 출간해 주셔서 감사합니다.

거창고 진로진학부장 손평화 교사

최근 학교 현장에서 학생들을 마주하다 보면 NFT와 메타버스에 관심을 가진 경우가 많습니다. 이 책을 통해 현재 기업들의 메타버스 신기술 및 산업에 대한 기초적인 개념과 관련 진로를 확인해 볼 수 있습니다. 2022년 개정 교육과정 속에서 메타버스 관련 학과에 관심이 있는 중·고등학생들이 어떻게 대비해야 할지 그 방법과 방향성을 제시합니다.

서울 광성고 생물담당 장동훈 교사

21세기 차세대기술로 각광받고 있는 VR, 메타버스 기술과 관련된 산업의 현황 및 최근 이슈를 자세하게 제시하고 있어 인상적입니다. 막연히 메타버스 관련 진로에 대한 생각만 하고 있었던 학생들에게 이 책을 전해준다면 구체적인 진로 로드맵을 세울 수 있을 것입니다. 또한 관련 학과 준비를 위한 자세한 진로진학에 대한 정보까지 담고 있습니다. 만약 인공지능 산업과 관련된 진로를 꿈꾼다면 이 책을 꼭 읽어봐야 할 책으로 추천합니다.

안산 광덕고 수학담당 김홍겸 교사

학교 현장에서 학생들에게 가상현실 산업에 대하여 설명해 주면서 그 중요성을 알려주는 데에 어려움을 느꼈습니다. 이 책은 미래 메타버스 산업에 대해 길라잡이 역할을 해 주면서 용어사전까지 겸비해, 기본 개념을 익힌 후 게임제작 기술을 활용하여 NFT, 디지털 트윈 기술까지 확장된다는 것을 상세히 안내해 주고 있습니다. 일반 고등학교 학생들뿐만 아니라 특성화고등학교 학생들의 진학과 진로를 결정할 때에도 유용하게 활용될 수 있는 도서가 될 것으로 기대합니다.

서귀포산업과학고 발명과학부장 서영표 교사

『EBS 강사가 추천하는 인기학과 진로코칭 시리즈』는 기존 도서와는 다르게 4차 산업혁명을 주도하는 분야의 최신 경향 및 관련 산업 분야의 기술 동향 흐름을 빠짐없이 제공하고 있습니다. 따라서 중·고등학생 및 학부모, 특히 현장에서 진로진학 컨설팅을 하는 현업종사자분들에게 상담에 필요한 메뉴얼의 역할을 톡톡히 해낼 것입니다. 학생들의 관심 분야에 관련된 국내외 최신정보와 해설, 새롭게 바뀐 고교 교육과정과 각 분야의 대학 학과 정보를 함께 제공하고 있습니다. 특히, 학부모님들이 교과서만으로 충족하기 힘든 다양한 학습자료와 탐구주제들을 동시에 만족시킬 수 있는 참고서적으로 평가하고 싶습니다.

두각학원 입시전략연구소 전용준 소장

대학에서 원하는 역량을 어느 정도 준비했나요?
기업에서 요구하는 역량을 어느 정도 갖추었나요?

아직도 대학 이름이 중요하다고 생각하나요?

학생들의 인구는 점점 줄어들고 있어 모든 학생이 대학을 갈 수 있는 시대입니다. 하지만 현실을 들여다보면, 그다지 밝지 않습니다. 대학의 타이틀을 중시해서 마음에 없는 학과를 선택해 자퇴를 하고, 휴학을 하는 학생들도 무척 많다고 합니다. 그럴듯한 이름의 학과를 선택했지만 생각했던 바와는 다른 공부를 하고, 대학에서 배운 학문으로 취업을 하자니 딱히 하고 싶은 일도 없고 가고 싶은 직장도 없다고 합니다.

왜 우리는 12년간 미래를 위해 열심히 준비를 해놓고, 중요한 순간에 엉뚱한 선택을 하는 것일까요? 자신의 진로에 대해서 큰 고민도 하지 않고 현명한 도움도 받지 못해서입니다. 앞으로는 전략적으로 취업이 보장되는 학과에 관심을 가져야 합니다. 각 기업마다 지역인재전형이 늘어남에도 불구하고 지방 거점 국립대도 인원을 다 모집하지 못하고 있습니다. 이제는 단순히 대학입학을 위한 역량을 갖출 것이 아니라, 시대에 적합한 역량을 갖추고, 인공지능을 활용해 비정형화되고, 복잡한 문제를 해결할 수 있는 능력을 갖춰야 하는 시대입니다. 바로 이런 인재를 '창의융합형 인재'라고 합니다.

여기에 발맞춰 정부에서도 학생들이 배우고 싶은 과목을 스스로 선택해 공부할 수 있도록 공동교육과정을 운영하고 있습니다. 뿐만 아니라 학생 맞춤형 교육과정인 '2022 개정 교육과정'을 운영하기 위해 디지털과 인공지능 교육 학습 환경도 조성하고 있습니다. 특히, 자신의 진로와 흥미에 맞는 과목을 선택할 수 있도록 진로 선택 과목과 융합선택 과목을 개설해 미래사회에서 요구하는 인재로 성장하는 다양한 기회를 제공하고 있습니다.

이 책은 4차 산업혁명 시대에 필요한 인재들이 반드시 알아야 할 이슈와 교과목 선택 안내, 우리 주변에서 할 수 있는 탐구활동을 소개해 학생들이 관련 진로를 선택하는 데 도움을 주고자 했습니다.

『EBS 강사가 추천하는 인기학과 진로코칭』 시리즈의 특징은 점점 갈수록 진로 선택의 시기가 빨라지는 만큼 중학생들도 자신의 진로를 탐색할 수 있도록 쉽고 재미있게 집필했습니다. 또한 성적이 낮아 진로 선택에 고민이 많은 학생도 자신의 꿈을 이룰 수 있도록 다양한 진로 방법을 소개하였습니다. 특히, 특성화고, 마이스터고, 폴리텍대학 등에 진학한 학생들의 취업을 보장하며, 고액의 연봉을 받는 전문직종에 진입할 수 있는 방법도 소개합니다.

『EBS 강사가 추천하는 VR 메타버스 인기학과 진로코칭』은 메타버스 관련 산업의 발전 속도가 가속화되면서 요즘 급부상하고 있는 가상현실 및 NFT 등에 대한 기술을 이해할 수 있도록 돕고 그에 따른 정보를 제공합니다. 또한 이 분야의 진로를 준비하는 학생들을 위한 학과 소개와 탐구활동 등을 소개합니다.

메타버스 관련 산업은 초기 게임 관련 분야뿐만 아니라, 다양한 산업에서 활발히 활용되고 있습니다. 이 분야에 관심이 있다면 기존의 게임학과 및 디지털영상학과와 관련된 학과들이 메타버스와 관련해 공부할 수 있습니다. 최근에는 메타버스학과가 새롭게 신설될 정도로 그 인기가 높아지고 있습니다. 메타버스는 온라인 플랫폼을 기반으로 이뤄지기 때문에 기존 컴퓨터공학과와 게임소프트웨어학과 등은 물론이고, 소프트웨어학과, ICT공학과, IT융합과, 영상콘텐츠학과, 디지털미디어학과, 가상·증강현실융합학과 등 다양한 이름의 학과들에서 관련 공부를 할 수 있습니다.

취업이 보장된 인기학과의 교육과정을 보면서 학교에서 공부해야 할 분야를 확인하고 관련 탐구활동을 진행하면서 진로역량을 키울 수 있도록 구성하였습니다. 이 책은 전공에 대한 이해도와 관심을 높여 학생들의 꿈이 성적에 관계없이 이루어질 수 있도록 다양한 정보를 실었습니다.

EBS 강사가 추천하는 약대 바이오 인기학과 진로코칭
EBS 강사가 추천하는 그래핀 반도체 인기학과 진로코칭
EBS 강사가 추천하는 배터리 에너지 인기학과 진로코칭
EBS 강사가 추천하는 PAV 모빌리티 인기학과 진로코칭
EBS 강사가 추천하는 로봇 인공지능 인기학과 진로코칭
EBS 강사가 추천하는 VR 메타버스 인기학과 진로코칭

6개의 가이드북은 학생들이 선택한 진로를 구체화하고 심층탐구 주제를 찾을 수 있도록 다양한 정보를 제공하였습니다. 따라서 학생들이 각 계열별 진로를 결정하는 데 도움을 줄 것으로 기대됩니다. 이 책을 통해 많은 학생이 어려움 없이 자신이 원하는 꿈에 이를 수 있길 바랍니다.

저자 정유희, 황현성, 안계정

차례

 ## 메타버스 산업의 길라잡이

메타버스 시대의 신뢰 기반 NFT

조기취업형 계약학과 선도대학

메타버스 산업의
길라잡이

메타버스 산업은 무엇이며,
어떤 특징이 있을까?

초월을 뜻하는 '메타(Meta)'와 세상을 의미하는 '유니버스(Universe)'를 합쳐 만들어진 메타버스(Metaverse)는 공간을 초월하는 세상'이라는 뜻이에요. 현재 유튜브부터 언론까지 메타버스와 관련된 이야기가 계속 나오면서 많은 분야로 확장되고 있답니다.

IP : 지적재산권(Intellectual Property)의 약자로 지식재산 분야에서 쓰이는 용어다. 네트워크 용어인 인터넷 프로토콜(Internet Protocol) IP와의 혼동에 주의해야 한다.

메타버스 가상세계의 산업 활성화를 위해서는 전통적 IT산업 생태계의 분류 방식인 콘텐츠(C)-플랫폼(P)-네트워크(N)-디바이스(D)뿐만 아니라, 메타버스 내 콘텐츠의 독창성과 접목되어 경제적 부가가치를 창출하는 **IP**영역도 포함합니다.

〈'인프라-플랫폼-콘텐츠-IP'로 구성되는 대안적 생태계 분석틀〉

구분	주요 내용
인프라	초연결 네트워크 환경(5G), 몰입적 경험을 지원하는 실감형 디바이스
플랫폼	실감형 콘텐츠의 개발, 유통, 서비스를 구현하고 경험하게 해 주는 운영 기반
콘텐츠	VR·MR·XR 등을 통해 즐길 수 있는 문화, 교육, 의료, 산업 분야 등의 실감형 창작물
지식재산권(IP)	패션, 엔터, 게임, 캐릭터 등 독창성과 브랜드 가치를 보유한 IP

출처 : 메타버스 가상세계 생태계의 진화 전망과 혁신전략(STEPI)

인프라	네트워크, 클라우드	Asure(MS), AWS(Amazon)...
	실감형 디바이스	Oculus, Google Glass, Gear, Vive...
플랫폼	운영, 서비스 기반	Microsoft, Meta, UNITY...
콘텐츠	실감형 창작물	Fortnite, Roblox, Animal Crossing, ZEPETO...
IP	브랜드 가치	YG, SM, GUCCI, NIKE, DKNY, MLB...

출처 : 메타버스 가상세계 생태계의 진화 전망과 혁신전략(STEPI)

코로나로 인해 대면활동에 제약이 생기면서 사람들은 이야기할 수 있는 방법을 찾기 시작했고, 그 대안으로 메타버스라는 가상공간을 활용하기 시작했어요. BTS는 포트나이트라는 게임 가상공간에서 신곡 다이너마이트(Dynamite) 뮤직비디오를 공개해 화제가 되었지요. 이후 랩퍼인 트레비스 스콧 또한 같은 공간에서 공연해 200억 원의 수익을 얻는 등, 엔터테인먼트 분야에서의 성공을 시작으로 메타버스는 마케팅, 교육, 비즈니스 등 다양한 분야에서 활용되기 시작했답니다.

출처 : 트레비스 스콧(Travis Scott) (유튜브채널)

메타버스는 1992년 미국 소설가인 닐스테픈슨의 『스노우 크래쉬』에서 아바타를 이용하는 인터넷상의 가상공간을 표현하는 용어로 처음 사용되었습니다. 최근에는 가상공간과 현실세계가 상호작용하면서 그 속에서 문화·사회·경제 등 다양한 분야에서 활용되고 있어요. 이처럼 가상현실(VR), 증강현실(AR)과 같은 기술을 활용해 가상공간을 더욱더 현실처럼 만들기 위해 많은 노력을 기울이고 있답니다.

메타버스를 이해하려면 게임을 떠올려 보세요. 가상의 공간에서 다른 유저들과 어울려 노는 닌텐도의 동물의 숲이나 현실세계의 지도를 기반으로 만들어진 포켓몬 고와 같은 게임들을 생각하면 이해가 쉬울 거예요. 오락용으로 만들어진 이 같은 게임들은 지난 미국 대선기간 동안 조 바이든 후보의 유세공간으로 활용되기도 했어요. 그리고 영국 가수 에드 시런도 가상 공간에서 공연을 여는 등 메타버스는 다양한 분야들이 접목할 수 있는 복합적인 공간이 되고 있습니다.

〈메타버스 이용 유형〉

분야	사례
기업	사내 직원 교육, 회의
공연	신곡 발표, 콘서트, 팬미팅
마케팅	신제품 홍보 및 가상 체험
건설	가상의 모델하우스 체험
정치	선거 후보 유세 공간
교육	대학 입시박람회 및 대학 입학식 진행

메타버스 관련 산업은 팬데믹 상황으로 인해 그 발전 속도가 가속화되면서 초기 게임 관련 분야뿐만 아니라, 다양한 산업에서 활발히 활용되고 있어요. 이

분야에 관심이 있다면 기존의 게임학과 및 디지털영상학과와 관련된 학과들이 메타버스와 관련해 공부할 수 있습니다. 최근에는 메타버스학과가 새롭게 신설될 정도로 그 인기가 높아지고 있습니다.

메타버스는 온라인 플랫폼을 기반으로 이뤄지기 때문에 기존 컴퓨터공학과와 게임소프트웨어학과 등은 물론이고, 소프트웨어학과, ICT공학과, IT융합과, 영상콘텐츠학과, 디지털미디어학과, 가상·증강현실융합학과 등 다양한 이름의 학과들에서 관련 공부를 할 수 있어요.

기업으로는 기존 컴퓨터와 관련된 회사들인 마이크로소프트와 구글은 물론, 새롭게 탈바꿈한 페이스북(메타), 3D게임에서 자주 보는 이름인 UNITY와 오큘러스 등의 해외 기업이 있습니다. 또한 네이버, SK텔레콤, 엔씨소프트, 카카오와 같은 국내 유명기업들과 덱스터, 디어유, 엔피, 맥스트 등 다양한 유망 벤처기업들이 앞다투며 관련 분야의 주도권을 가져오기 위해 치열한 경쟁을 벌이고 있지요.

메타버스 강화하는 빅테크 기업 / 그래픽 = 김은실 디자이너

출처 : 글로벌 빅테크, 메타버스 1위 경쟁 치열(시사저널e)

이 같은 상황에 우리나라는 지원이 필요한 이슈를 발굴하기 위해 XR 관련 기업·기관과 함께 '메타버스 얼라이언스'를 결성하였습니다. 메타버스 얼라이언스는 「가상융합경제 발전전략(20년12월)」의 후속 조치로 시작되었으며, 메타버스 관련 기기·네트워크·플랫폼·콘텐츠 기업들이 모여서 메타버스 생태계 활성화를 위한 상호 협력을 논의하는 장으로, 기술 동향 공유, 법제도 정비 방안 검토, 기업 간 협업을 통한 메타버스 플랫폼의 발굴·기획 등을 담당합니다.

메타버스가 가져올 경제·사회 변화에 대응하고 미래를 준비하기 위한 「메타버스 신산업 선도전략」도 발표했어요. 민관협력 기반의 지속가능한 메타버스 생태계 조성에 방점을 두고 대응 계획을 세우면서 기업들이 새로운 형태의 플랫폼 사업에 도전하여 세계적 기업과 경쟁할 수 있도록 기업 간 협업, 기술개발, 규제혁신 등을 적극 지원하고 있습니다. 특히, 민간이 주도하고 정부가 지원한다는 원칙하에 민간이 서비스를 개발할 수 있도록 데이터를 적극 개방하고 있답니다. 또한 개발된 민간 플랫폼을 우선 활용한다는 것을 기본 골조로 협업하고 있습니다.

그리고 메타버스 시대에 필요한 인재를 양성하기 위해 메타버스 아카데미를 신설해 인문·예술적 소양과 기술 역량을 갖춘 실무 전문 인력을 양성하고 있습니다. 4년제 대학이 연합한 융합 전문대학원의 설립 및 운영을 지원하고 있으며, 1개 대학원당 최대 55억 원 내외의 지원금을 받아 '메타버스 랩' 17개를 운영해 메타버스 솔루션 개발 및 창업·사업화를 돕고 핵심인재 및 연구인력을 양성합니다.

앞으로 메타버스 산업은
어떤 변화가 있을까?

초기 메타버스는 주로 게임산업에서 사용되었어요. 지금은 다양한 산업에 가상현실 서비스를 제공하고 있습니다. 2003년 '세컨드 라이프(Second life)'가 등장하면서 페이스북, 인스타그램 등과 같은 소셜미디어에서도 VR 헤드셋 없이 몰입감 넘치는 가상 플랫폼을 구축해, 스마트폰을 활용한 원활한 접속을 지원하고 있지요. 현재는 코로나19로 인한 팬데믹 상황에서 사람들과 소통하기 위해 다양한 플랫폼의 메타버스가 급속도로 활용되고 있답니다. 메타버스 플랫폼뿐만 아니라 관련 소재, 부품, 장비까지 더불어 발전하고 있습니다.

그래픽카드로 유명한 회사인 엔비디아(Nvidia)의 회장인 젠슨 황은 '메타버스 시대가 오고 있다'고 강조하면서 현실세계를 가상현실 공간에서 똑같이 구현하는 기술인 '디지털 트윈'을 활용하여 기업의 운영 효율성을 높이고 있습니다.

> **엔비디아** : 컴퓨터 그래픽 카드(GPU)를 최초로 만든 회사로 동시에 많은 양의 연산구조를 계산할 수 있는 GPU의 특성으로 게이밍 산업뿐만 아니라, 인공지능 산업에서도 중심으로 자리 잡고 있다.

윈도우와 MS오피스 등으로 유명한 마이크로소프트의 CEO인 사티아 나델라는 2021년 연례행사인 이그나이트 2021에서 "모든 기업이 서로 협력하고 AI의 도움을 받을 수 있는 물리적인 세상과 디지털 세상을 자유롭게 이용할 수 있을 것이다."라고 말했습니다. 많은 기업이 메타버스 시대에 맞춰 변화해 가고 있습니다.

블룸버그 인텔리전스에 따르면, 메타버스 시장의 규모는 2020년 4,787억 달러(약 564조 원)이며, 2024년에는 7,833억 달러(약 923조 원)로 성장할 것으로 전망하고 있어요. 글로벌 투자은행인 모건스탠리는 메타버스의 미래 시장 규모를 최대 8조 달러(약 9,434조 원)로 전망하고 있습니다.

메타버스 생태계는 플랫폼, 인프라, 콘텐츠, 지식재산권(IP)으로 구성됩니다. 이 중 국내 기업이 강점을 가지고 있는 부분은 '콘텐츠'와 '지식재산권' 부분입니다. 국내 대부분의 메타버스 회사의 경우 AR, VR과 같은 3D기술을 활용해 BTS와 오징어게임을 필두로 한 콘텐츠를 제작하거나, 게임소프트웨어를 개발하는 데 주도적인 역할을 담당합니다. 특히, K-culture가 세계적인 주목을 받고 있어 넷플릭스뿐만 아니라 애플TV, 디즈니+, 아마존프라임까지 한국지사를 설립해 콘텐츠를 개발하고 있습니다.

우리나라 엔터테인먼트 회사에서도 K-pop 아티스트들과 메타버스에서 팬들과 소통하며 콘서트를 진행해, 기존보다 높은 수익성을 보이고 있습니다. 또한 NFT까지 발행하여 추가적인 수익까지 창출하고 있지요. 해외 메타버스 기업들과의 경쟁력에서도 우위를 차지하기 위해 연계서비스 및 지식재산권 부분에도 많은 투자를 하고 있습니다.

메타버스 산업의
신기술

많은 사람이 코로나19로 인해 메타버스가 성장했다고 생각합니다. 하지만 여러 전문가는 메타버스의 성장을 메타버스와 관련한 기술들의 발전과 **5G**의 상용화로 인한 콘텐츠 전송속도 향상이 큰 기여를 했다고 분석해요. 5G는 4G(LTE)와 비교해 속도는 약 20배 정도 빠르며, 동시 접속은 10배 더 많은 사람이 접속할 수 있답니다. 이러한 환경으로 많은 사람이 동시에 메타버스 플랫폼에 접속하여 관련 콘텐츠를 즐길 수 있게 되었어요.

> **5G** : 정식 명칭은 IMT-2020으로 국제전기통신연합(ITU)에 따르면, 5G는 최대 다운로드 속도가 20Gbps(Giga bit per second), 최저 속도가 100Mbps(Mega bit per second)인 이동통신 기술이다.

게임산업의 발전을 통해서 이루어진 AR과 VR기기의 발전도 메타버스 성장에 큰 기여를 했습니다.

VR기기 사용 시 생기는 멀미를 해결하기 위해서는 높은 해상도와 주사율이 필요해요. 이러한 문제를 해결한 대표적인 기기가 메타(구 페이스북)의 가상현실기기 '오큘러스 퀘스트'와 스마트글래스 등의 디스플레이로, OLED(유기발광다이오드)를 적용해 앞으로 널리 활용될 것으로 예상됩니다.

> **해상도** : 화면을 구성하는 면에 얼마나 많은 픽셀(디지털 이미지를 이루는 가장 작은 단위)로 이루어져 있는지를 나타내는 것이다.

> **주사율** : 화면에 1초당 얼마나 많은 장면을 표시할 수 있는지를 알려주는 단위이다.

OLED는 LCD(액정디스플레이) 등 다른 디스플레이들에 비해 영상 반응속도가 빠르고 얇고 가벼울 뿐만 아니라, 다양한 형태로 제작할 수 있어 VR기기나 스마트글래스에 최적이지만 가격이 비싸다는 단점이 있습니다. 하지만 최근 디스플레이 기업들이 OLED 투자를 대폭 확대하면서 가격이 하락하는 추세입니다.

Altspace VR : 2013년에 설립되어 2015년 5월에 초기 제품을 출시한 소셜 VR 플랫폼이다. 2017년에는 Microsoft에 인수되어 현재 Cloud and AI 그룹 내 Mixed Reality 사업부에서 메타버스 환경을 구축하고 있다.

'메타'는 오큘러스 퀘스트2를 사용하여 메타버스 플랫폼인 호라이즌 월드에 가상의 사무실을 만드는 등 다양한 기술에 투자 중입니다. 마이크로소프트는 'Altspace VR'이라는 가상현실 소셜미디어 플랫폼을 인수하고 AR 디바이스인 홀로렌즈를 개발하고 있어요. 애플은 Next VR과 Spaces 등의 다양한 스타트업을 인수하면서 메타버스 관련 분야에 진출하기 위해 준비하고 있습니다.

또한 제조업 관련 제품 출시로 로봇, IoT, 자율주행차 등 제조업의 주요 신기술이 메타버스 플랫폼과 연동되어 재택근무로 관리할 수 있을 정도로 발전하고 있습니다. 반도체 설계회사 엔비디아(NVIDIA)는 AI, 그래픽 기술 등을 접목시킨 플랫폼 옴니버스(Omniverse)를 출시하고, 현실과 연동된 가상 팩토리를 BMW에 적용, 운영하고 있어요. 국내에서도 롯데정보통신, 현대차(메타팩토리) 등은 이미 독자 메타버스 플랫폼을 구축해 판매점과 자동차 공장 등 오프라인 환경과의 연동을 추진하고 있답니다.

■ 주요기업의 메타버스 & NFT 신기술(CES 2022)	
기업	주요 내용
SAMSUNG	**[Smart TV]** TV에서 NFT를 감상하고 매매할 수 있는 기능 탑재
HYUNDAI	**[Metamobility]** 모빌리티, 메타버스, 로봇이 연결된 미래 청사진 발표
롯데정보통신	**[메타버스 플랫폼]** 자체 플랫폼 개발하여 실제 결제까지 가능한 메타버스 e커머스 서비스 추진
Qualcomm	**[AR 글라스 전용 칩]** MS와 협업하여, AR 글라스에 최적화된 반도체 개발 추진

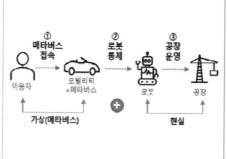

■ Metamobility 개념도(현대차)

출처 : 현대자동차(하나금융경영연구소)

금융업은 이종 산업 간 메타버스 플랫폼과 연동될 수 있는 금융 인프라를 개발하고 있습니다. 메타버스를 대표하는 플랫폼으로 로블록스, 포트나이트, 마인크래프트, 제페토 등이 있지요. 이 플랫폼들은 게임을 위한 초기 목적에서 공연, 비즈니스, 가상생활 등 다양한 가상공간을 제공하고 이용자들에게 가상의 공간 내에서 다양한 활동을 할 수 있는 자유를 부여하고 있어요. 그리고 그 안에서 다양한 비대면 활동과 경제활동이 가능하도록 해 플랫폼 이용자들이 급증하기 시작했답니다.

메타버스 플랫폼은 구독결제와 콘텐츠 및 아이템 판매, 광고 등으로 수익을 창출합니다. 그리고 각 플랫폼은 자체적인 코인을 통해 결제할 수 있는 시스템을 구축해 온라인 경제생활이 가능하도록 했습니다. 그로 인해 이용자들에게 수익을 창출할 수 있는 다양한 모델들이 나오고 있어요.

제페토는 'Coin'과 'Zem'이라는 자체 재화를 가지고 있고, 로블록스는 'Robux'라고 부르는 코인이 있어요. 로블록스는 무료로 이용이 가능하지만, 아이템을 만들거나 게임을 제작하려면 자체 코인인 Robux를 구매해야 제작할 수 있어요. 이렇게 제작된 것을 다른 이용자가 사용하면 수익을 얻을 수 있으며, 많은 가입자가 원활하게 활동하면 로블록스도 수익을 얻는 구조랍니다.

제페토는 크리에이터가 아이템을 판매할 때마다 일정 수수료를 받고 있으며, 이 외에도 자체 아이템 판매 수익 수수료와 구찌, 나이키와 같은 다양한 브랜드와의 제휴를 통해 수익을 창출하며 발전하고 있습니다.

유망한
메타버스 기업

① 구찌, 루이비통이 주목하는 새로운 플랫폼, 제페토

제페토는 네이버에서 미국 Unity사의 게임엔진을 활용해 만든 메타버스 플랫폼으로 구찌, 루이비통과 같은 명품 브랜드부터 나이키까지 진출하고 있습니다. 증강현실과 안면인식 등을 이용하여 아바타와 가상세계를 만든 제페토는 2018년 출시 이후 글로벌 누적 사용자의 수가 2억 5천 명에 이를 정도로 인기 있는 플랫폼으로 성장했습니다.

출처 : 진격의 제페토... 거침없는 글로벌 확장(머니투데이)

특히, 전체 사용자의 90%가 해외사용자이며, 사용자의 80%가 10대일 정도로 앞으로 성장이 더욱 주목받는 플랫폼입니다. 주 사용자인 10대들은 K-pop 아티스트들의 팬으로서 사용자만의 개성 있는 아바타를 만들어 소통하고 있지요.

제페토는 BTS의 소속사인 빅히트엔터테인먼트와 YG엔터테인먼트에서 120억 원, JYP엔터테인먼트에서 50억 원의 투자를 받아 K-pop 아티스트들을 세계적으로 널리 알리는 창구로 활용되고 있습니다. 여기에 지식재산권(IP) 기반 스토리 게임 'BTS 유니버스 스토리'를 전 세계 713개국에 정식 출시하였으며, 지속적인 콘텐츠 업데이트를 하면서 K-pop과 K-pop 아티스트를 더 널리 알리는 기폭제가 되었습니다.

출처 : BTS 유니버스 스토리(넷마블)

② 가상의 세계를 더 현실처럼 만드는 VFX 기술, 덱스터

덱스터 스튜디오는 뛰어난 **VFX** 기술을 사용해 콘텐츠의 기획부터 제작까지 담당하는 기업입니다. 촬영이 불가능한 배경을 VFX 기술을 통해 더욱 현실감 있게 구현하여 그 기술력을 인정받고 다양한 작품에 참여하고 있어요. 덱스터의 VFX 기술을 통해 〈명량〉, 〈옥자〉, 〈괴물〉, 〈부산행〉, 〈신과 함께〉, 〈승리호〉, 〈모가디슈〉와 같은 영화들을 현실감 있게 만들어 큰 호평을 받았습니다.

VFX : Visual Effects(시각 효과)의 약자로 영상제작방법 중 컴퓨터 그래픽(CG)을 바탕으로 실행되는 모든 방법을 지칭하는 용어다.

출처 : 〈지옥〉 VFX 촬영스튜디오(덱스터, 한국영상자료원)

자체 개발한 소프트웨어를 통해 털 달린 동물들의 털이 마치 살아 움직이는 것처럼 표현할 수 있으며, 사운드 믹싱 업체인 '라이브톤'을 통해 사실보다 더 실제적인 사운드를 구현했습니다. 여기에 자체 색 보정 기술을 전담하는 DI 사업부를 통해 세계 최대 규모의 컴퓨터 그래픽스에서 기술력을 발표할 정도로 우수합니다.

DI : Digital Intermediate의 약자로 영상촬영 시 발생한 영상의 밝기, 색상, 채도 등의 차이를 일치시키는 과정으로 디지털화된 영상데이터를 색보정 등의 과정을 거쳐 최종 상영 포맷으로 만드는 전반적인 과정을 지칭하는 것이다.

출처 : 〈신과 함께-인과 연〉 VFX 프로그램 '젠'(덱스터 스튜디오)

국내에서 제작한 콘텐츠들의 후반 작업에도 참여하여 K-콘텐츠를 세계적인 수준으로 끌어올리는 데 기여하고 있지요. 그 결과 넷플릭스뿐만 아니라 디즈니플러스, 애플TV와 같은 글로벌 기업들과 협업하여 콘텐츠를 제작할 정도로 기술력을 인정받고 있답니다.

리얼타임 엔진 : 구현하고자 하는 영상을 실시간으로 연출하고 반응하며 제작자의 의도에 따라 움직임을 만들 수 있는 영상 렌더링 합성 기술이다.

LED 월이 있는 스튜디오에서 촬영하면 날씨나 시간에 제약을 받지 않고 촬영할 수 있으며, 로케이션 섭외 및 세팅하는 비용을 현저히 줄일 수 있는 장점이 있어요. 여기에는 리얼타임 엔진으로 날씨 변화, 장소 변경 등도 단번에 해결할 수 있답니다.

우주에 홀로 남겨진 남자의 구출과정을 그린 작품도 버추얼 프로덕션 솔루션을 접목해 작품 전체 완성도를 높였지요. 앞으로 버추얼 프로덕션 공간의 촬영 비중이 더 높아지면서 그 활용도도 커질 것으로 예상하고 있습니다.

출처 : 경기 파주 버추얼 프로덕션 공간(LED 월)(덱스터 스튜디오)

출처 : 하남 버추얼 프로덕션 공간(LED 월)(비브 스튜디오스)

③ 한류에 날개를 달다, 디어유

디어유(DearU)는 아티스트와 팬이 서로 메시지를 주고받으며 소통하는 서비스인 '버블(Bubble)'을 서비스하는 회사입니다. 버블을 통해 많은 사람이 자신이 좋아하는 아티스트와 실제 대화를 주고받을 수 있으며, 생일 축하도 할 수 있어요. 이전에는 혼자만 좋아하는 아이돌이라면 버블을 통해 같이 소통하는 아이돌이라는 이미지를 제공하여 K-pop을 더 널리 알릴 수 있습니다.

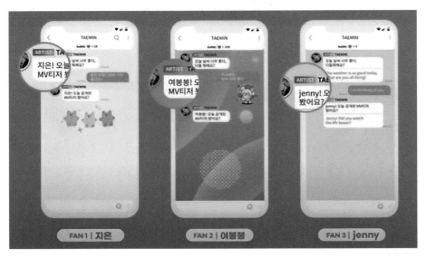

출처 : 버블 소개영상 갈무리

버블 외에도 '리슨(Lysn)'이라는 관심 기반 SNS플랫폼 서비스가 있습니다. 같은 관심사를 가진 전 세계 사람들이 자동번역 기능을 통해 폭넓은 네트워크를 연결할 수 있습니다. 사용자의 서비스 이용금액을 통해 수익을 낼 뿐만 아니라 사용시간, 패턴 등을 수집하여 고객의 특성을 파악한 뒤 최적의 데이터를 제공해 인식의 변화를 가져다줄 수 있습니다.

출처 : Lysn

④ 현실세계의 ctrl + v, 엔피

엔피(NP)는 XR 기술을 바탕으로 사용자가 가상세계를 현실처럼 체험할 수 있는 콘텐츠를 제작하고 있어요. 롤 월드 챔피언십, 평창 동계올림픽 개·폐회식, 현대자동차의 아이오닉5 글로벌 런칭, 삼성전자의 폴더블 언팩 행사 등 다양한 프로젝트에 참여하여 관람은 물론 체험할 수 있는 기회를 제공합니다.

> **엔피(NP)** : 엔피는 영상콘텐츠 기획 및 제작을 전문으로 회사로 확장 현실(XR)을 전문으로 하는 기업이다.

출처 : 김포 XR스테이지(엔피, 머니투데이)

엔피는 런닝맨 온라인 팬미팅과 온라인 콘서트를 제작하면서 사용자의 2D화면에서도 실제와 같은 3차원적인 느낌을 표현해 주었어요. 최근에는 과학기술정보통신부와 한국전파진흥협회에서 주관하는 사업을 통해 '뷰전(VUSION)'이라는 5G 실감 컨벤션 플랫폼을 개발해 시간과 장소, 날씨의 제약 없이 위험한 촬영도 줄일 수 있게 되었답니다.

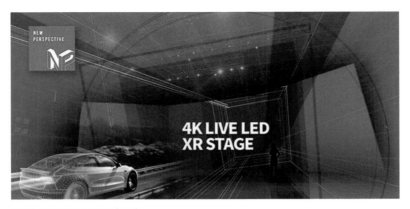

출처 : 4K 라이브 LED 월(엔피)

엔피는 자체 보유한 NP XR스테이지로 아바타 간의 화상 상담 및 비즈니스 미팅을 진행할 수 있어요. 특히, 개막식, 얼라이언스 중간발표회, 얼라이언스 포럼, 가상 전시회 등 다양한 프로그램을 디지털상 가상공간 안에서 진행할 수 있어요.

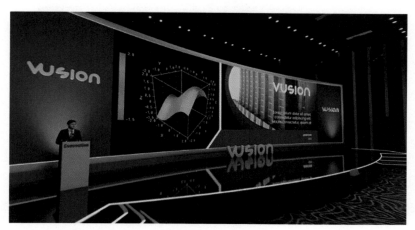

출처 : 실감 컨벤션 플랫폼 '뷰전(VUSION)'(엔피)

⑤ 나만의 세상을 만들 수 있다, 로블록스

'로블록스(ROBLOX)'는 사용자가 직접 게임을 만들어서 즐기거나 다른 사용자가 만든 게임을 플레이할 수 있어요. 특히, 현실세계에서 경험할 수 있는 것을 게임 속에서 체험할 수 있답니다. 그 예로 오징어 게임

> 로블록스(ROBLOX) : 샌드박스 게임 장르로 2006년 서비스를 시작해 다양한 사용자들이 즐기는 온라인 게임 플랫폼이다.

이 전 세계적인 인기를 끌자, 로블록스에 오징어 게임을 만들어 많은 사용자가 체험할 수 있는 기회를 제공해 한국 문화를 더 널리 알릴 수 있는 기회가 되었어요.

출처 : 로블록스 오징어 게임 (메독방송)

로블록스는 레고를 닮은 캐릭터로 엄청난 그래픽 성능이 필요하지 않으며 중·고등학생뿐만 아니라 대학생까지 많이 이용하고 있지요. 이 플랫폼을 활용해 로봇공학, 우주탐사, 컴퓨터 과학 등을 배울 수 있는 3가지 게임을 개발하여 교육에도 활용하고 있답니다.

출처 : 로블록스 우주탐험(브크)

다양한 기업들이 로블록스 플랫폼을 활용해 소니, BMG와 같은 음악 관련 회사는 물론, 구찌, 나이키와 같은 패션 브랜드와 파트너십을 이어가면서 그 영향력을 넓히고 있습니다.

국민은행(2022년 2월)은 가상영업점을 만들고 자금을 대출받는 시나리오의 게임 등을 통해 사용자들에게 금융교육을 제공하고 있지요. 추후 로블록스에서 복잡한 절차 없이 금융상품을 가입할 수 있도록 발전시킬 예정이라고 합니다. 특히, 로블록스 내에서 게임을 제작해 5억 원 이상 수익을 낸 어린이 친구도 있다고 해요. 로블록스는 유튜브처럼 또 다른 수익을 창출할 수 있는 플랫폼으로 발전하고 있답니다.

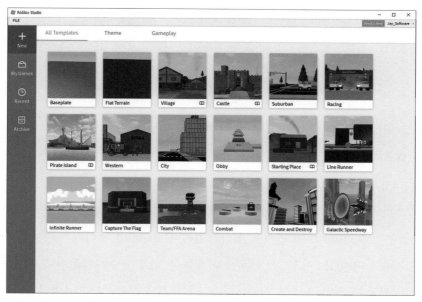

출처 : 로블록스 스튜디오

⑥ 아티스트들의 새로운 무대, 포트나이트

포트나이트 : 배틀로얄 형식의 게임으로 에픽게임즈라는 회사에서 출시한 게임이다.

포트나이트는 배틀로얄 형식의 게임으로, 국내에서는 비슷한 장르의 배틀그라운드가 큰 인기를 얻고 있어요. 2020년 기준, 33억 5천만 명 이상의 엄청난 이용자수를 기반으로 포트나이트에서 공연이나 영화를 관람할 수 있는 파티로열 모드를 제공하고 있습니다.

출처 : 파티로얄(포트나이트)

미국의 래퍼 트래비스 스캇은 배틀로얄의 파티모드에서 온라인 콘서트를 개최하였는데 1,230만 명이 동시에 접속하면서 약 2,000만 달러의 수익을 얻은 것으로 알려져 있어요. 이후 그의 음원 이용률은 25% 상승하면서 이후에도 메타버스와 관련한 수익을 얻고 있습니다. 그리고 공연 도중 그의 아바타가 신었던 나이키 신발도 큰 인기를 끌면서 메타버스의 영향력에 대하여 패션업계 기업들이 관심을 가지게 되었어요.

이처럼 포트나이트는 더 이상 단순한 게임이 아니라 사용자들이 서로 소통하는 소셜 미디어의 형태로 진화하고 있습니다.

현재까지 전 세계 107개국의 75만 명의 팬이 유료로 파티로얄에서 공연에 참여했습니다. 스타디움 공연장의 관객 참여 수는 5만 명 정도이지만, 온라인 공간에서는 물리적 공간의 한계를 초월해 250억 원이 넘는 매출을 기록할 정도로 더 큰 인기를 얻게 되었어요.

출처 : 다이너마이트 뮤직비디오 안무 버전(포트나이트 파티로얄)

⑦ 비대면 시대 줌을 대체하는 가상 오피스, 게더타운

'게더타운(Gather Town)'은 업무환경이 온라인으로 바뀌면서 생겨난 집중력 저하, 업무와 일상의 모호한 경계, 고립감 등의 부작용과 화상회의로 인한 정신적 피로감을 해결하는 대안으로 주목받고 있습니다.

> **게더타운** : 게더가 개발한 메타버스(Metaverse·현실과 가상이 혼합된 세계) 화상회의 플랫폼이다.

게더타운에서는 자신만의 가상 사무실을 만들 수 있고 필요시 화상회의도 가능하며, 사용자들은 마치 게임을 하는 것처럼 자신의 아바타로 활동합니다.

또한 사용자의 아바타가 다른 사용자의 아바타와 만나면 직접 만나는 것처럼 자동으로 의사소통이 활성화됩니다. 이와 같은 기능을 통해 업무에 필요한 상대를 찾아가 대화를 할 수 있어 편안한 온라인 근무환경을 만들어줍니다. 게다가 기존의 화상회의 프로그램인 줌(Zoom)이나 구글 미트(Google Meet)와 같은 프로그램과 드롭박스(DropBox)와 구글드라이브(Google Drive)도 연계해서 사용할 수 있는 장점이 있습니다.

국민은행, 삼성화재, 롯데건설, 삼성전기 등 국내 많은 기업들도 게더타운을 활용하여 홍보, 온라인 채용설명회, 신입사원 연수 등의 행사를 진행하고 있어요. 팬데믹으로 인한 화상회의 플랫폼에 대한 수요로 인해 실제 은행 영업점과 흡사해 창구 맞은편에는 고객이 앉을 수 있는 의자가 있고 은행업무뿐만 아니라, 보험과 증권 업무까지 진행할 수 있어요. 또한 게더타운의 '프라이빗 룸' 기능이 있어 대화가 외부에선 들리지 않아 고객은 편안하게 상담할 수 있는 장점이 있답니다.

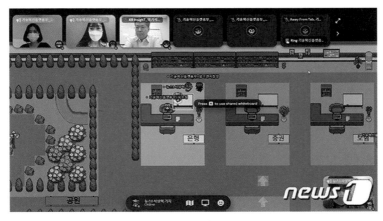

출처 : KB금융타운 '프라이빗 룸'(게더타운, 뉴스1)

⑧ 가상세계에서 비즈니스를 제공하는 다쏘시스템

'다쏘시스템'은 3D 및 가상현실(VR) 구현 기술로 디지털 사물과 공간의 설계 및 제조 과정을 체험할 수 있는 시설을 마련했습니다. 이 시설은 '3D익스피리언스 이그제큐티브 센터'로 3D디자인, 가상현실(VR), 시뮬레이션, 3D프린팅 기술을 체험할 수 있는 장비와 콘텐츠를 갖춘 시설이랍니다.

출처 : 3D익스피리언스 이그제큐티브 센터(다쏘시스템)

또한 3D 메이커 교실을 통해 3D 가상세계와 창작에 친숙해질 수 있게 돕는 '솔리드웍스 앱스 포 키즈'를 개설했습니다. 앱스 포 키즈 사이트에 접속하여 손쉽고 재미있게 3D로 설계해 볼 수 있어 창의적인 사고를 높이고 공학적 감각을 갖출 수 있어요. 어른의 도움 없이도 3D를 2D만큼 쉽게 접하고 직관적으로 배울 수 있으며 아이디어 개발, 디자인, 제작까지 상상력을 발휘할 수 있답니다. 그리고 디자인한 작품을 3D익스피리언스 이규제큐티브 센터에서 제작할 수 있습니다.

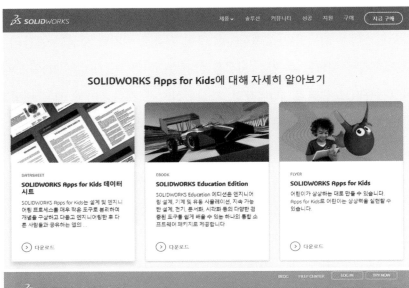

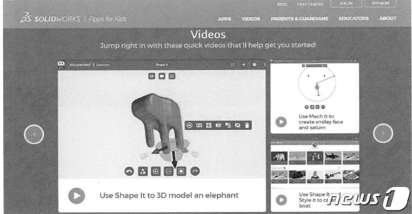

출처 : 솔리드웍스 앱스 포 키즈(다쏘시스템)

메타버스 클러스터를 형성하면
어떤 점이 좋은가?

메타버스 산업은 확장현실(XR) 메타버스 제조를 위한 스마트글라스 등 새로운 XR 디바이스와 데이터 센터를 활용해 차세대 스마트 팩토리와 인공지능(AI)을 접목한 문화콘텐츠 개발 등 다양한 산업이 필요하기에 클러스터를 형성하는 것이 좋습니다.

출처 : 메타버스 융합산업 클러스터(경상북도)

경북 메타버스 융합산업 클러스터는 메타버스 허브밸리와 XR 테크노플레이스를 구축하고 전국 유일의 XR 디바이스지원센터를 활용, 산업단지에 메타버스 기술을 입혀 주력 제조업의 경쟁력까지 강화하고 있습니다.

강릉 올림픽파크 시설인 아이스아레나와 하키센터, 스피드스케이팅경기장 내에 메타버스 전용 복합시설을 조성합니다. 메타버스 클러스터 구축사업을 통해 민간 주도의 올림픽 레거시 시설로 활용할 예정입니다. R&D센터, 비추얼 프로덕션, XR(확장현실) 스튜디오 등을 중심으로 한 전국 최초의 메타버스 복합시설을 건립할 계획입니다.

출처 : 레드우즈파크(KBS 뉴스)

또한 정부에서는 메타버스를 활용한 관광 콘텐츠·플랫폼 구축에 박차를 가하여 MZ세대 겨냥에 앞장서고 있지요. 메타버스 플랫폼을 통해 지역 관광산업

활성화 방안을 마련하고 있으며, 청년들에게 메타버스 공간에서 수익창출을 위한 모델인 디지털-노마드 프로그램도 계획하고 있답니다.

> **디지털-노마드** : 도시가 아니어도 인터넷이 되는 곳이면 어디든 자기 일을 하며 수익활동을 할 수 있는 사람들을 말한다.

□ 메타버스 도시

No.	개념도	과제명 / 과제내용
1		**현실·가상 상호연동 메타버스 통합 플랫폼 ('22~'23)** ○ 메타버스 도시 구현을 위한 핵심 인프라인 디지털 거울세계 데이터를 구축하고, 이를 활용해 가상과 현실의 경험이 이어지는 양방향 메타버스 플랫폼 및 서비스 개발
2		**지역 특화 메타버스 서비스 개발 ('22~'23)** ○ 지역명소를 3차원 공간정보 데이터로 구축하고, 개발도구를 활용한 지역 특화 콘텐츠를 제작하여 통합 플랫폼을 통한 서비스 제공
3		**강원동계청소년 올림픽 메타버스 서비스 개발 ('22~'23)** ○ 동계 올림픽 관련 다수의 서비스가 통합된 전용 메타버스 플랫폼을 구축하고, 저작도구 및 블록체인과 결합된 올림픽 기록·자산화 서비스 제공
4		**독도 메타버스 서비스 개발 ('22)** ○ 독도를 3차원 디지털 공간으로 구성하고, 독도 특화자원(관광·역사해양자원 등)을 콘텐츠로 구현하여 통합 플랫폼을 통한 서비스 제공

출처 : 메타버스 플랫폼 개발지원 사업(과학기술정보통신부)

메타버스
개념 사전

01

꼭 알아야 하는 메타버스 용어

① 디지털 트윈(Digital twin)

현실세계의 기계나 장비, 사물 등을 컴퓨터 속 가상세계에 구현한 것을 말해요. 최근 디지털 트윈 기술은 실제 제품을 만들기 전 모의시험을 통해 발생할 수 있는 문제점을 파악하고 이를 해결하는 데 활용되고 있습니다.

Twin은 쌍둥이라는 뜻으로, 디지털 트윈은 가상공간에 실물과 똑같은 물체를 만들어 다양한 시뮬레이션을 통해 검증하는 기술을 말합니다. 미국 가전업체인 제너럴 일렉트릭(GE)이 제조업에 도입했으며, 지금은 항공, 건설, 헬스케어, 에너지, 국방, 도시설계 등 다양한 분야에서 활용되고 있습니다.

디지털 트윈 기술의 최대 장점은 가상세계에서 장비, 시스템 등의 상태를 모니터링하고 유지·보수 시점을 파악해 개선할 수 있다는 것입니다. 가동 중, 발생할 수 있는 다양한 상황을 예측해 안전을 검증하거나 돌발 사고를 예방해 사고 위험을 줄일 수도 있습니다. 또한 생산성 향상, 장비 최적화 등의 결과를 가져올 수 있고, 시제품 제작에 들어가는 비용과 시간을 대폭 절감할 수 있기 때문에 현재 많은 기업에서 사용하고 있습니다.

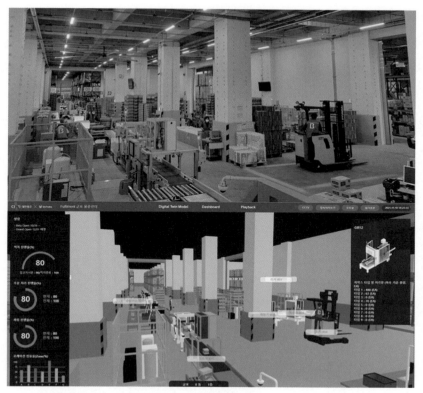

출처 : 실제 현장(사진 위) 디지털 트윈(사진 아래) (채널 CJ)

최근에는 가상공간에 실제 도시와 동일한 도시를 구축하고 여기에서 인구 분포, 안전, 복지, 환경, 상권, 교통 등 각종 도시행정을 먼저 시험·검증하는 데에도 디지털 트윈 기술이 활용되고 있습니다. 가상공간에 디지털 트윈이 구축되면 정책을 실제 도시에 도입하기 전에 효율성을 검증하고 부족한 부분을 보완하여 완공 전 문제점들을 보완할 수도 있는 장점이 있습니다. 예를 들면 도시에 도로를 만들면 실제 주변 교통량에 어떤 영향을 주는지 등을 도로 구축 전에 파악할 수 있고, 상가나 주택지의 위치 등을 고려하여 설계할 수 있어요.

국내에서는 세종시가 스마트시티 디지털 트윈 플랫폼을 한국전자통신연구원 (ETRI)과 함께 개발해 적용할 계획입니다. 국가시범도시인 세종시 안에서는 83만 규모의 부지에 스마트 시티 구축을 위한 세종 스마트 퍼스트 타운 건립공사가 진행 중입니다. 모빌리티, 헬스케어, 교육, 에너지 등 세종 국가시범도시의 7대 혁신요소를 중심으로 자율주행, 로봇택배, 인공지능 기본 주거서비스 등 스마트 혁신 서비스를 직접 체험하고 다양한 기술을 활용할 수 있습니다.

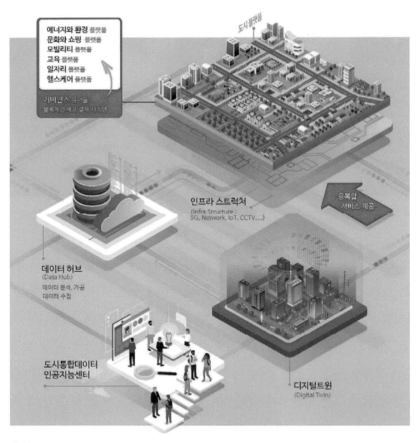

출처 : SMART CITY KOREA

또 전주시는 안전하고 편리한 도시를 만들기 위해 한국국토정보공사와 협력해 전주시의 행정 데이터와 한국국토정보공사의 IT를 접목시킨 디지털 트윈 도시를 만들기로 했습니다. 부산시 또한 디지털 트윈기술을 활용하여 에너지·물·로봇을 주요 혁신요소로 삼고 빅데이터, 스마트 에너지, 인공지능 등 4차 산업혁명 기술을 접목해 다양한 혁신 서비스를 제공하는 데 활용하고 있습니다.

② 볼류메트릭(Volumetric)

'볼류메트릭'은 4K 수준의 카메라 수백 대를 갖춘 크로마키 배경 스튜디오에서 인물의 움직임을 캡처해 360° 입체영상으로 만드는 기술입니다. 볼류메트릭을 이용해 만든 가상 인간을 '디지털 휴먼'이라고 합니다.

출처 : SK뉴스룸

현재 실감미디어 기술에 있어서 기존의 현실감과 현장감을 넘어서기 위한 기술로 실사 기반의 볼류메트릭 4D 영상 기술이 각광받고 있습니다. 볼류메트릭 4D 영상은 기존의 VR 기술이 갖는 인터렉션의 한계를 넘어서며, 그래픽스 기반의 AR 기술이 갖는 사실감의 한계를 넘어설 수 있는 차세대 기술이라고 생각하면 됩니다.

볼류메트릭 4D 영상 기술이 많은 장점에도 불구하고, 이 기술을 확대하는 것은 쉬운 일이 아닙니다. 볼류메트릭 4D 영상을 획득하기 위한 스튜디오의 구성과 수많은 영상 데이터를 통합하기 위한 정밀한 영상처리 기술이 필요하기 때문이지요. 물론 이러한 연구와 개발이 이루어지기 위해서는 그에 맞는 하드웨어 및 소프트웨어 환경이 갖추어져야 하고, 볼류메트릭 4D 영상을 위한 콘텐츠 소비 생태계도 필요해요. 좋은 영상을 만들고 보완하기 위해 미디어 시장 곳곳에서 볼류메트릭 4D 영상을 활용하는 사례들이 늘고 있습니다.

출처 : AI 디지털 휴먼 얼굴 생성(Disney Research)

볼류메트릭 기법으로 만들어진 '디지털 휴먼(Digital Human)'은 사람의 신체 구조 및 움직임을 데이터화해 분석하고, 가상공간에서 마치 실제로 존재하는 사람처럼 움직임을 재현하는 디지털 기술로 만들어졌어요. 사람과 동일한 외형을 갖추고 있는 가상 인간으로, 디지털 휴먼은 단순한 지식 전달뿐만 아니라 현실감 있는 표정 변화와 함께 사람과 똑같은 감정으로 감성 대화가 가능하다는 점이 가장 큰 장점입니다.

③ 증강현실(AR, Augmented Reality)

현실의 이미지나 배경에 3차원 가상의 캐릭터나 아이템을 겹쳐서 하나의 영상으로 보여주는 기술입니다. 간혹 '가상현실(Virtual Reality, VR)'과 증강현실을 혼동하는 사람들이 있는데, 그 차이는 이렇습니다.

가상현실은 자신과 배경·환경 모두 현실이 아닌 가상의 이미지를 사용하는데 반해, 증강현실(Augmented Reality, AR)은 현실의 이미지나 배경에 3차원 가상 이미지를 겹쳐서 하나의 영상으로 보여주는 기술입니다. 증강현실은 혼합현실(Mixed Reality, MR)이라고도 하는데, 비행기 제조사인 '보잉'사에서 1990년경 비행기 조립과정에 가상의 이미지를 첨가하면서 '증강현실'이 처음으로 세상에 소개되었어요.

가상현실은 일반적으로 영화나 영상 분야 등 특수 환경에서만 사용되지만, 증강현실은 현재 우리 주변에서도 많이 사용되고 있답니다. 예를 들어 인터넷을 통한 지도 검색, 위치 검색 등도 넓은 의미에서는 증강현실에 포함됩니다. SKT의 AR기술을 통해 창덕궁 곳곳을 살펴볼 수 있는 '창덕 ARirang'이 대표적인 서비스이지요.

출처 : SK뉴스룸

④ 가상현실(VR, Virtual Reality)

가상현실은 현실과 분리된 컴퓨터가 만든 가상공간 안에서 주변을 인식하는 동적 기술과 디스플레이를 활용, 오감을 자극해 현실과 유사한 체험을 가능케 하는 기술입니다.

가상현실은 좌우 양안 시차가 있는 이미지를 광학 엔진과 디스플레이를 통해 구현됩니다. 2~3인치 크기의 고해상도 디스플레이에서 이미지를 표현하고, 광학 엔진을 이용하여 이미지를 투사해 원거리에 100인치 이상의 가상스크린과 90도 이상의 넓은 시야각을 갖는 허상 이미지를 사용자에게 제공합니다.

최근에는 메타버스 기술에 적용 가능한 인공감각 시스템을 개발하는 데 성공했습니다. 사람은 다양한 유형의 촉각 수용기를 통해 압력, 진동, 마찰 등 정보를 조합해 촉각을 느끼기 때문에 메타버스나 가상 증강현실은 물론 인공피부, 로봇형 의수나 의족에 활용할 수 있답니다.

또한 압력을 전기신호로 바꿀 수 있는 압전 재료와 압전 저항성 재료를 조합해 전자피부를 만들기도 합니다. 카이스트 바이오 및 뇌공학과, 고려대 전자정보공학과, 한양대 신소재공학부 공동연구팀이 개발한 전자피부는 피부 내 압력을 감지할 수 있는 '늦은 순응 기계적 수용기'와 진동을 감지하는 '빠른 순응 기계적 수용기'를 동시에 적용해 복합 촉각센서 전자피부를 실제 신경 패턴에 기반한 신호변환 시스템과 연결시켜 가능하게 하였습니다. 이 과정에서 생체 내 반응을 최대한 흉내 내기 위해 실제 감각신경에서 나타나는 신호를 측정해 함수화하는 방법을 사용했습니다.

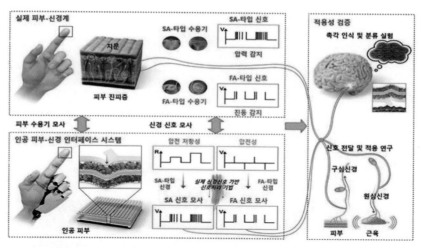

출처 : 인간 피부-신경 모사형 인공 감각 인터페이스(카이스트)

⑤ 확장현실(XR, eXtended Reality)

'확장현실(XR)'은 가상현실(VR)과 증강현실(AR)을 아우르는 혼합현실(MR) 기술을 이야기합니다. 가상현실(VR)이 360도 영상을 바탕으로 새로운 현실을 경험하도록 하게 하는 기술이라면, 증강현실(AR)은 실제 사물 위에 컴퓨터그래픽

(CG)을 통해 정보와 콘텐츠를 표시합니다. 증강현실(AR)과 가상현실(VR)의 단점을 상호 보완한 기술이 확장현실입니다.

마이크로소프트(MS)가 개발한 홀로렌즈는 안경 형태의 기기로, 현실 공간과 사물 정보를 파악하여 최적화된 3D 홀로그램을 표시한다는 점에서 가상·증강현실(VR·AR)이 혼합된 확장현실(XR)의 한 형태로 볼 수 있습니다. 확장현실(XR) 기술이 진화하면 평소에는 투명한 안경이지만 증강현실(AR)이 필요할 때는 안경 위에 정보를 표시할 수 있어요. 가상현실(VR)이 필요할 때는 안경이 불투명하게 변하여 안경 전체를 통하여 정보를 제공할 수 있습니다.

확장현실(XR)은 교육은 물론, 헬스케어, 제조업 등 다양한 분야에 적용이 가능해요. 확장현실을 실현하기 위해서는 대용량의 실시간 3D 영상을 표시하기 위한 고성능 컴퓨팅 파워와 그래픽 처리 성능이 필요하기 때문에 디스플레이 기술 발전이 무척이나 중요합니다. 또한 5세대(5G) 이동통신과 같이 대용량 데이터를 통해 초저지연으로 영상을 제공해야 어지러움 현상을 없앨 수 있습니다.

출처 : 퀄컴 홈페이지

⑥ 거울세계(Mirror Worlds)

거울세계는 현실세계의 풍경, 모습, 정보, 구성 등을 최대한 사실적으로 반영한 가상세계를 말해요. 어쩌면 실제 세계보다 정보적인 측면에서는 더 확장되어 있습니다. 실제와 똑같다는 점에서 지도처럼 사용되거나 시뮬레이션 용도 등으로 다양하게 사용될 수 있답니다.

2020년 네이버랩스에서 서울시를 '거울세계'로 구현한 사례가 있습니다. 단순히 해당 공간의 모습을 사진으로 촬영하는 것이 아니라 3차원 모델로 구현한 정확한 데이터이기 때문에, 새로운 건축물을 설계할 때 일조량이나 주변의 교통흐름의 변화까지 예측할 수 있습니다.

구글어스(Google Earth)

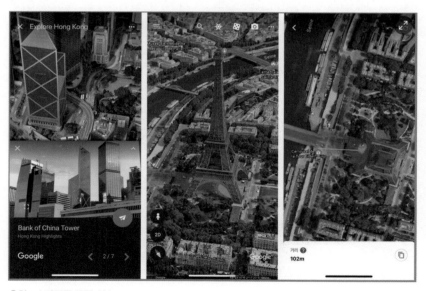

출처 : 스마트폰 구글 어스

'구글 어스'는 구글이 제공하는 서비스로 위성 이미지, 지도, 지형 및 3D 건물 정보 등 전 세계의 지역 정보를 제공합니다. 세계의 여러 지역을 볼 수 있는 위성 영상지도 서비스로(2005년 6월 28일부터 배포) 30개 이상의 언어로 제공하고 있습니다. 또한 VR 기기로 지구 곳곳을 살펴볼 수 있는 '구글어스 VR(2016년 11월)'도 출시되었어요. 구글어스 VR 앱은 스팀 스토어에서 무료로 다운로드받을 수 있으며, VR기기인 HTC '바이브'와 오큘러스 '리프트'를 통해 이용할 수 있답니다.

네이버 로드뷰, 카카오 스카이뷰

네이버는 위성사진 서비스(2008년 1월 6일)를 제공하기 시작했고, 이어 항공사진 지도 '스카이뷰(2009년 1월 18일)'와 국내 최초로 실제 거리 전경을 파노라마 사진으로 촬영한 '로드뷰' 서비스를 통해 교통 및 지역 정보를 제공하고 있습니다.

출처 : 네이버 로드뷰(ZDNet Korea)

어스2(Earth 2)

어스2는 '셰인 아이작'이 만든 '구글 어스'를 기반으로 한 가상부동산 거래 플랫폼입니다. 실제 어스1과 동일한 크기인 가상 지구에서 10m² 단위로 땅을 나눠 매매할 수 있기 때문에 두 번째 지구에 대한 미래 지향적인 개념으로 보기도 합니다. 단면 지도상의 실제 지리적 위치가 사용자가 생성한 디지털 가상환경에 해당하는 가상현실과 물리적 현실 사이의 메타버스라고 생각하면 됩니다.

처음에는 몰입형 가상현실(VR) 등 새로운 경험을 원하는 게임 개발자 및 유저들의 이용이 많았지만, 최근에는 세계적으로 가상자산 투자 열기가 뜨거워지면서 일반인 투자자들의 참여도 증가했습니다. 땅 소유자가 내놓은 매물을 사거나 경매를 제안한 뒤 운영사에 돈을 내고 가상부동산을 구매하는 형식이라고 생각하면 됩니다.

출처 : 어스2 공식홈

네이버는 증강현실 아바타 서비스인 '제페토'로 큰 성공을 거둔 회사입니다. 제페토는 다운로드 수 2억 명을 넘겼고 많은 글로벌 MZ세대들이 사용하는 대표적 메타버스 플랫폼으로 자리 잡았습니다. 네이버는 제페토에 이어 '거울세계'를 통해 메타버스 시장 진출을 확장하고 있습니다.

네이버랩스는 도시 단위의 디지털 트윈 데이터를 구축하는 '어라이크(ALIKE)' 솔루션을 공개했습니다. 디지털 트윈은 실제 건물이나 도로 등 물리적 환경을 디지털로 구현하는 기술로, 스마트시티나 자율주행, 서비스로봇, 메타버스 등에 활용되고 있지요. 어라이크 솔루션의 가장 큰 특징은 항공사진과 인공지능(AI)을 활용해 도시의 3D 모델, 로드레이아웃, HD맵 등의 핵심 데이터들을 통합 제작할 수 있고, 제작 기간과 과정을 크게 단축하면서도, 높은 정확도와 넓은 활용 범위를 확보할 수 있습니다.

출처 : ALIKE로 제작한 3D모델과 로드레이아웃

어라이크가 만든 도시의 3D모델은 굉장히 정확합니다. 가로세로(x축, y축) 정밀도는 2.5cm 이내이며, 높이(z축) 8cm 이내로 정밀도가 높습니다.

⑦ 라이프로깅(Life Log)

'라이프로깅'은 개인이 생활하면서 보고, 듣고, 만나고, 느끼는 모든 정보를 자동으로 기록하는 것으로 장소와 시간에 구애받지 않고 웹사이트에 자료를 올릴 수 있는 서비스입니다. 최근 젊은이들 사이에 각광받는 트위터 등의 SNS가 라이프로깅에 해당됩니다. 현실에서의 '내'가 아닌 온라인 세상에서 '나'를 대신하는 아이디와 아바타가 수많은 사람과 관계를 맺는 것도 일종의 메타버스라고 볼 수 있지요.

출처 : 원피스 IN ZEPETO

⑧ P2E(Play to Earn)

P2E는 '게임을 하면서 돈을 번다'는 개념입니다. 플레이투언 게임은 NFT(Non Fungible Token) 및 가상자산이 적용된 블록체인 기반으로 플레이어가 NFT화되어 있는 게임을 플레이하거나, 게임 아이템이나 재화, 캐릭터 등을 가상자산을 활용해 자유롭게 사고팔면서 수익을 얻게 됩니다. 여기서 NFT는 블록체인 기술을 이용해 고유한 인식값을 부여한 것으로, 디지털 세상에서 구매자의 소유권을 증명받을 수 있는 디지털 파일이라고 생각하면 됩니다.

플레이투언 게임의 시작은 가상 고양이 육성게임인 '크립토키티(CryptoKitties)'를 들 수 있습니다. 2017년 스타트업 대퍼랩스(Dapper Labs)가 개발한 크립토키티는 NFT의 표준안인 이더리움 토큰방식으로 제작된 게임으로, 유저가 NFT 속성의 고양이들을 교배해 자신만의 희귀한 고양이를 만드는 게임입니다. 특히 2017년 말 이 게임의 디지털 고양이가 11만 달러(약 1억 2,000만 원)에 거래되면서 화제가 되기도 했지요.

그런데 게임성이 떨어질 수 있으므로 단기 호재를 넘어 유저를 장기적으로 붙들 수 있도록 하는 것이 관건입니다. 그리고 이 게임은 사행성을 이유로 유통을 허가하지 않는 국가들도 있습니다.

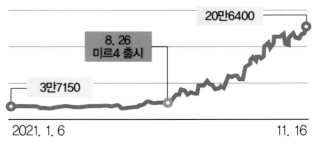

출처 : P2E 게임 출시한 위메이드 주가 추이(한국거래소)

⑨ Web 3.0

'Web 3.0'은 Web 2.0의 차세대 버전이라고 생각하면 됩니다. Web 1.0은 월드 와이드 웹(WWW) 사용자가 신문이나 방송처럼 일방적으로 정보를 받는 것이고, Web 2.0은 참여, 공유, 개방의 플랫폼 기반으로 정보를 함께 제작하고 공유합니다. Web 3.0은 개인화, 지능화된 웹으로 진화하여 개인이 중심에서 모든 것을 판단하고 추론하는 방향으로 개발되고 활용될 것입니다. '시맨틱 웹' 데이터를 이용하는 인텔리전트 소프트웨어와 같은 Web 3.0 기술은 자료의 효율적인 이용을 위해 채택하며, 소규모 사용이 가능합니다. 구체

> **시맨틱 웹(Semantic Web)** : '의미론적인 웹'이라는 뜻으로, 현재의 인터넷과 같은 분산환경에서 리소스(웹 문서, 각종 화일, 서비스 등)에 대한 정보와 자원 사이의 관계·의미 정보(Semanteme)를 기계(컴퓨터)가 처리할 수 있는 온톨로지 형태로 표현하고, 이를 자동화된 기계(컴퓨터)가 처리하도록 하는 프레임워크이자 기술이다.

적으로 Web 2.0은 현재 웹 환경에서 이용자가 직접 콘텐츠를 만들고 댓글을 쓰는 등 직접적인 참여가 가능하지만, 그 과정에서 생긴 데이터는 구글, 페이스북, 인스타 등의 중앙 집중화된 플랫폼 기업들이 소유합니다. 콘텐츠는 이용자가 만들었지만, 플랫폼에 올리게 되면 관련 데이터는 구글, 페이스북이나 인스타의 중앙 서버에 저장되고 관리돼 플랫폼 기업이 소유합니다.

하지만 Web 3.0은 흩어진 모든 네트워크 참여자들의 컴퓨터 자원을 활용하여 블록체인 기술을 이용해 자료를 분산 저장합니다. 가상화폐를 활용하여 자동화 프로그래밍 기술로 관리자의 개입 없는 웹 이용이 가능하지요. 그리고 암호화 기술을 활용한 NFT를 이용해 자신의 데이터를 지킬 수도 있습니다. 따라서 데이터의 저장과 사용, 소유권이 개인에게 주어지는 인터넷 환경을 만들 수 있습니다. 예를 들어 Web 3.0에서는 우리가 여행을 가고 싶을 때 그 여행지에 대한 정보를 찾기 위해 여러 웹사이트를 일일이 들어가서 정보를 모으고 예약하는 과정 대신, 우리의 휴가 일정과 좋아하는 여행 스타일 등을 입력하면 컴퓨터가 정보를 다 찾아보고 그것에 맞게 알려줍니다. 사물인터넷 기술, 클라우드 기술

등이 이 웹 3.0으로 가능하게 해줍니다.

이처럼 개인화, 지능화된 Web 3.0은 개인에 맞는 정보를 알아서 찾아주는 인공지능형 웹을 말합니다.

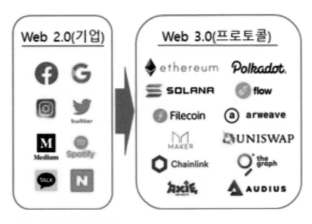

출처 : 하나금융경영연구소

⑩ 개발자 환전 시스템(DevEx)과 아이버스(AIVERSE)

> **로벅스** : 로블록스 게임에 사용되는 가상 화폐이다.

'개발자 환전 시스템'은 로블록스(Roblox)에서 이용자 참여를 위해 만든 프로그램입니다. 개발자가 획득한 로벅스(Robux)를 현금으로 바꾸어주는 일종의 현금인출기라고 생각하면 됩니다.

아이버스는 AI와 Universe의 합성어로 SK텔레콤이 그리는 미래 ICT 서비스라고 할 수 있지요. AI비서와 메타버스를 연계하고, 그 안에서 경제활동까지 가능한 세상을 만들 예정입니다.

02

꼭 알아야 하는 VR 용어

① HMD(Head Mounted Display)

VR 체험을 위해 사용자가 장착하는 디스플레이 디바이스로, 사용자의 시각에 가상세계를 보여주는 역할을 합니다. 눈앞에 디스플레이가 펼쳐지는 안경 형태로 마이크, 스테레오 스피커를 비롯해 여러 센서 등이 탑재돼 있어요. VR 헤드셋에 스마트폰을 탑재해 스마트폰 패널을 활용하는 기기는 '다이브'라고 부릅니다.

HMD의 장점은 텔레비전에 비해 공간을 적게 차지하고, 넓은 시야각에서 오는 몰입감과 현장감에 있어요. 보다 다양한 가상현실을 위해 흥미로운 콘텐츠가 활발하게 개발되고 있습니다. 게임, 교육, 의료, 비행 훈련 등 여러 분야에 개발되었으며, 앞으로도 더 많은 분야에서 콘텐츠가 개발되면 가상공간에서 다양한 경험을 할 수 있을 것입니다.

출처 : 가상현실을 구현하는 장치(교육부)

67

우리의 두 눈은 똑같은 정보를 뇌로 전달하는 것으로 생각하지만, 사실은 각각 다른 시각 정보를 받고 뇌로 전달합니다. 뇌는 왼쪽과 오른쪽 눈에서 전달한 시각 정보를 하나의 입체 이미지로 만들어냅니다. HMD는 이러한 뇌의 역할을 대신하여 입체 이미지를 만듭니다.

☑ 그렇다면 HMD에서 렌즈는 어떤 역할을 할까요?

우리가 사물을 볼 때 눈의 동공과 수정체를 거쳐 망막에 상이 맺히게 되고 이러한 정보가 뇌로 전달됩니다. 그런데 HMD에서는 우리 눈 바로 앞에 디스플레이 장치가 위치하고 망막에 상이 정확히 맺히지 않습니다. 이때 초점거리를 조정하여 상이 망막에 정확히 맺히도록 하는 것이 바로 렌즈입니다.

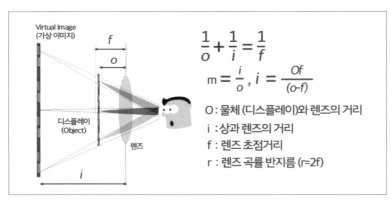

출처 : 얇은 렌즈공식(삼성디스플레이 뉴스룸)

② 모기장 현상

VR기기 패널에 그물망처럼 격자가 보이는 현상으로, 마치 모기장처럼 보인다고 해서 '모기장 현상'이라고 합니다. 가상현실 헤드셋은 스마트폰 화면을 확대하는 방식을 사용하기 때문에 화면의 선명도가 떨어지는데, 이때 픽셀 간의 간

격이 눈에 보이는 모기장 현상이 발생합니다.

③ 마그네틱 버튼

다이브에 부착하는 동그란 모양의 자석으로, 스마트폰에 탑재된 마그네틱 센서가 지자기장의 변화를 감지해 입력되는 방식이기 때문에 마그네틱 센서가 없는 스마트폰에서는 사용할 수 없습니다. 메뉴 선택 및 호출, 재생, 일시정지 등 간단한 조작이 가능하고 유튜브 애플리케이션 VR 모드, 카드보드 등 마그네틱 버튼을 지원하는 애플리케이션에서 사용할 수 있어요.

출처 : https://blue2310.tistory.com/

④ OTG 젠더

스마트폰과 마우스, 키보드, 조이패드 등을 연결하는 젠더(케이블의 접속 규격을 변환해 주는 연결장치)로 다양한 외부기기를 연결해 VR을 즐길 수 있도록 도와줍니다. USB OTG는 USB 메모리 같은 장치를 OTG 케이블이나 젠더로 스마트폰 USB 단자에 꽂으면 곧바로 인식하는 기능으로 스마트폰에 대용량 VR 데이터를 저장하지 않고 외부 메모리에 넣어서 즐길 수 있습니다.

03

꼭 알아야 하는 디지털 트윈 용어

① 메디컬 트윈(Medical Twin)

'메디컬 트윈'은 디지털 트윈을 의료 기술에 적용한 것으로 가상공간에서 개인 맞춤형 정밀 의료, 모의 수술, 의료기기 개발, 임상시험 등을 시뮬레이션하는 기술입니다. 이 기술은 디지털 공간에 가상환자를 만들어 다양한 모의시험을 통해 최적의 수술 방법, 치료 효과, 예후 등을 예측해 안전성을 확보하고 부작용을 최소화하는 데 활용됩니다.

> **라이프로그** : 개인의 일상을 인터넷 또는 스마트 기기에 기록하는 것으로, '일상의 디지털화'라 할 수 있다. 이는 취미, 건강, 여가 등에서 생성되는 개인 생활 전반의 기록을 정리·보관해 주는 서비스이다.

기존의 환자 기록 정보와 웨어러블 장치를 통한 라이프로그(Lifelog)를 기반으로 인공지능, AR·VR의 발전은 의료 디지털 트윈 분야로 빠르게 확장되고 있어요. 의료 분야에서 디지털 트윈 적용 사례를 보면, 우선 환자의 실시간 상태 모니터링으로 맞춤형 중증질환 치료가 가능합니다. 또한 가상세계의 환자 트윈 모니터링을 통해 질병 및 회복 상태나 부작용에 대해 실시간 관찰할 수 있습니다.

치료 시뮬레이션도 가능하기 때문에 의사의 진단과 처방을 가상으로 장기 시뮬레이션에 대입해 환자별 합병증 및 치료 효과를 예측할 수 있고, 이를 통해 가장 효과가 좋은 약을 처방하는 맞춤형 약물 처방도 가능해요. 또한 의료 영상시스템을 이용한 수술 시뮬레이션 적용 후 수술과정에서 발생할 수 있는 변수에 관한 대비책을 마련할 수 있으며, 신약 발굴 과정에서 안전성을 확인해 임상시험 기간을 단축시키고 부작용을 최소화하는 데 도움을 줄 수 있습니다.

보건복지부에서는 우리나라에서 많이 발생하는 질환에 특화된 메디컬 트윈 기반 의료 예측기술 개발을 목표로 2022년 7월부터 2026년까지 5년 동안 총 135억 원을 투입할 계획입니다.

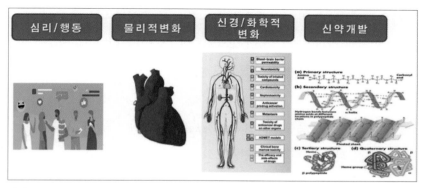

출처 : 보건의료데이터 혁신 토론회 발제자료

② 트윈슈머

'트윈슈머(Twinsumer)'는 쌍둥이를 일컫는 트윈스(Twins)와 소비자(Consumer)의 합성어로 마치 쌍둥이들처럼 자신과 취향이나 기호가 비슷한 사람들과 온라인으로 연결되어 그들의 의견을 듣고 행동에 옮기는 소비자들을 말합니다.

유럽의 경우 온라인 사용자의 60퍼센트는 공통 관심사를 가진 그룹에 속한 이들과 연결돼 있는데, 바로 이것이 트윈슈머 트렌드를 급성장하게 하는 촉진제가 되고 있습니다. 이들을 대상으로 한 마케팅에선 '상관성(두 가지 사건이나 사물

사이에 서로 관계되는 성질이나 특성)'을 확인하여 '협업 필터링(Collaborative filtering)' 기술을 이용하기도 해요. 세계적인 정보기술 시장조사업체인 포레스터 리서치에 따르면, 유럽 소비자가 가전제품을 구매할 때 50퍼센트 이상이 제품 사용 후기를 참고하며, 30퍼센트 이상은 제품 사용 후기에 매겨진 평가점수에 근거하고, 15퍼센트 이상은 자신이 직접 사용 후기를 작성하는 것으로 나타났습니다.

국내 전문제품 평가사이트인 디씨인사이드(디지털카메라), 엔비인사이드(노트북), 세티즌(휴대전화기), 모니터포유(모니터) 등은 한국형 트윈슈머 트렌드의 시작점입니다. 인터넷 쇼핑업체 CJ몰의 내부자료에 따르면, 상품에 구매 후기가 있는 상품의 매출액이 그렇지 않은 제품보다 평균 2.5배가량 많은 것으로 나타났습니다.

드림위즈의 '마니아 트렌드(mt.dreamwiz.com)'는 마니아로 구성된 체험단이 첨단 디지털 기기 제품을 미리 사용해 보고 제품의 장단점과 효율적인 활용방법, 개선점 등의 체험기를 올리고, 일반 네티즌은 이 체험기를 제품 구매에 활용하는 방식입니다.

③ 트윈 VQ(Twin VQ)

일본 NTT사가 독자 개발한 음성 압축 부호화 방식입니다. 이는 종합 디지털 통신망(IDN)을 이용하여 고품질의 음악·음성을 전송하기 위한 종합 정보 통신망(ISDN) 64kbps 이하로 음악·음성을 압축하기 위해 개발되었습니다. 지금까지의 압축 기술이 하나하나의 데이터를 직접 부호화한 것이라면, 이 방식은 복수의 데이터를 정리하여 패턴화하고 미리 준비한 표준 패턴과 비교해서 가장 가까운 패턴만을 전송함으로써 높은 압축률을 실현하게 한 것입니다.

꼭 알아야 하는 NFT 용어

① 민팅(Minting)

'민팅'이란 그림이나 영상 등 디지털 자산의 대체불가능토큰(NFT)을 생성하는 것을 말합니다. 민팅은 화폐를 주조한다는 뜻의 영단어인 '민트(Mint)'에서 시작된 것으로, 블록체인상에서 암호화폐를 발행하는 것을 의미해요. 암호화폐 코인이나 토큰이 만들어질 때마다 '민팅'의 과정을 거치는 셈이지요. 하나의 암호화폐당 수백만 개에서 수십억 개의 코인 또는 토큰을 만듭니다.

따라서 통상적으로 암호화폐의 '최대 공급량'은 민팅이 될 수 있는 최대한의 코인이나 토큰의 수를 의미하며, 민팅된 디지털 자산은 NFT 플랫폼에서 거래가 이뤄집니다.

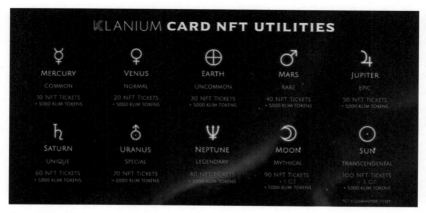

출처 : https://klanium.io/_NTF민팅

민팅이 이뤄지면 그림이나 영상 등 디지털 콘텐츠에 대해 대체불가능한 고유 자산 정보가 부여됩니다. 세부적으로는 민팅이 이뤄지고 나면 NFT에 링크 정보나 메타데이터, 민팅 일시 등이 기록되고, 그 이후 거래가 발생할 때마다 매도·매수인, 매매 일시, 매매금액 등의 거래정보가 NFT에 기록되는 방식입니다. 블록체인에 기록된 정보는 위·변조가 불가능하므로 정보의 신뢰성도 얻을 수 있답니다.

② 블록체인(Blockchain)

'블록체인'은 데이터 분산처리 기술로 네트워크에 참여하는 모든 사용자가 모든 거래내역 등의 데이터를 분산, 저장하는 기술입니다. 블록들이 체인 형태로 묶인 형태이기 때문에 블록체인이라는 이름으로 불립니다.

블록이란 개인과 개인의 거래(P2P) 데이터가 기록되는 장소라고 생각하면 됩니다. 이런 블록들은 만들고 난 후 시간의 흐름에 따라 순차적으로 연결된 체인의 구조를 가지게 되지요. 모든 사용자의 사용내역을 보유하고 있어 거래내역을 확인할 때는 모든 사용자가 보유한 내용을 대조하고 확인할 수 있습니다.

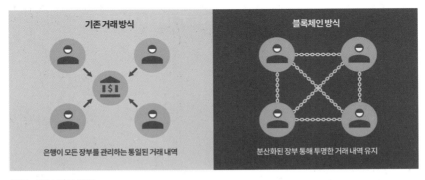

출처 : SW 중심사회

블록체인의 가장 큰 장점은 분산저장을 한다는 것입니다. 기존의 거래방식에서는 데이터를 위조하거나 변조하려면 은행의 중앙 서버를 공격하면 가능합니다. 그래서 '은행 전산망을 해킹했다'는 뉴스를 접하기도 하지요. 그러나 블록체인의 경우는 여러 명이 데이터를 저장하기 때문에 위조나 변조가 어렵습니다. 만약 그런 일이 생기려면 모든 참여자의 거래 데이터를 동시에 공격해야 가능합니다. 따라서 해킹은 불가능하다고 보면 됩니다.

또 다른 장점은 중앙관리자가 필요 없다는 것입니다. 은행이나 정부 등에 중앙기관이나 관리자가 필요한 이유는 공식적인 증명 등기, 인증 등이 필요했기 때문이죠. 하지만 블록체인은 다수가 데이터를 저장, 증명하기 때문에 중앙관리자가 존재하지 않습니다.

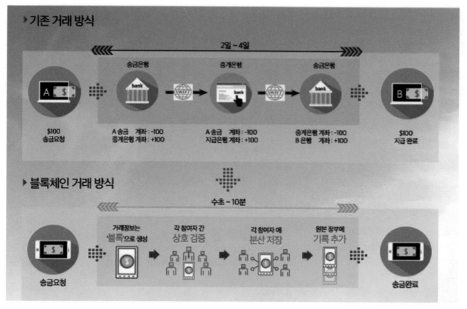

출처 : SK주식회사 씨앤씨

비트코인과 같은 가상화폐가 등장한 것도 이러한 블록체인 특성 때문입니다. 블록체인을 사용하게 되면 은행이 없더라도 화폐 거래가 가능합니다. 또한 비트코인을 원하는 사람들이 직접 '채굴'을 통해 '발행'할 수도 있답니다.

③ 토큰

'토큰(Token)'의 사전적 의미는 구체적인, 혹은 사전에 약속된 재화 및 서비스에 대한 권리를 나타내는 증표입니다. 토큰 발행자는 토큰 구매자에게 사전에 약속된 재화 및 서비스를 제공할 의무가 있습니다. 버스 토큰이나 카지노 칩이 그 사례입니다. 카지노 칩을 보유한 사람만이 카지노에서 제공하는 모든 종류의 게임에 참여할 자격을 갖는다고 생각하면 됩니다. 이 경우를 물리적 토큰이라고 합니다.

이런 물리적 토큰에 디지털 수단이 더해지면 디지털 토큰이 되는데, 영화 관람이 가능한 모바일 영화티켓 등이 디지털 토큰입니다.

이러한 디지털 토큰에 교환, 매매의 기능이 추가되면 '디지털 화폐'가 되어 사전에 약속된 재화나 서비스 외에 넓은 범위의 교환매매 기능을 수행할 수 있습니다. 예를 들어 신용카드사가 제공하는 온라인 바우처나 온라인 상품권도 대표적인 디지털 화폐이지요.

이더리움과 같은 블록체인 플랫폼에 디지털 토큰이 생성되면, 탈중앙화 애플리케이션 토큰(디앱 토큰)이 됩니다. 디앱 토큰은 다시 '유틸리티 토큰'과 '증권형 토큰'으로 구분됩니다.

이더리움(Ethereum) : 블록체인 기술을 여러 분야에 접목할 수 있도록 업그레이드한 기술이다. 흔히 '2세대 블록체인'이라고 일컫는다. 1세대는 블록체인 기술을 최초로 구현해 보인 '비트코인'이다. 비트코인은 블록체인 기술을 금융거래 시스템에 접목한 시스템이다. 반면 이더리움은 금융거래에 한정, 특화된 기존 블록체인 시스템을 금융거래 이외의 모든 분야로 확장했다. 이더리움 덕분에 다양한 비즈니스 분야에 블록체인 기술을 접목할 수 있게 됐다.

탈중앙화 금융(DeFi) : 중개, 거래소 또는 은행과 같은 중앙금융중개자에 의존하지 않고, 대신 블록체인에서 스마트 계약을 활용하는 블록체인 기반의 금융 형태이다. DeFi를 통해 사람들은 다른 사람에게 자금을 빌리고, 파생상품을 사용하여 자산의 가격변동을 예측할 수 있다. 또한 암호화폐를 거래하고, 위험에 대비하며, 저축과 같은 계정에서 이자를 얻을 수 있다.

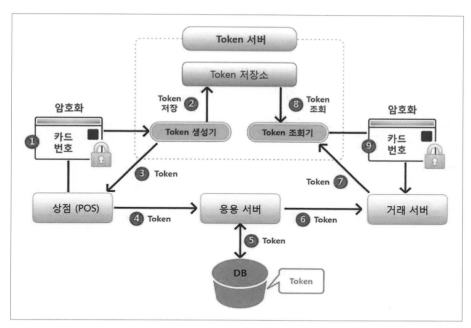

출처 : Tokenization 기술 개념도

'유틸리티 토큰'은 어떤 서비스나 시스템을 이용할 때 필요한 토큰으로 이더리움 스마트 계약을 이용하기 위해 지불되는 수수료가 대표적입니다.

'보완 토큰'은 증권으로서의 성질을 가지고 있어요. 법정통화 등으로 가치를 뒷받침하고, 그 교환이나 투자 목적이 된 토큰을 말합니다. 현재 유통되고 있는 주식이나 채권과 같은 성질을 가지고 있기 때문에 투자자 보호의 관점에서 규제가 걸린다는 것이 SEC의 입장입니다.

SEC : 미국 증권거래위원회(SEC)는 미국자본시장의 질서유지 및 규제를 위해 증권거래법에 의거 1934년에 설립된 증권감독관청이다. 독립적인 준사법기관으로 유가증권과 관련된 연방법에 의해 진행한다. 상원의 승인을 거쳐 대통령이 임명하는 5명의 위원으로 구성되며 산하 기업재무국·시장규제국 등 11개 부·국을 두고 있다.

〈유틸리티 토큰〉

플랫폼 코인 : 다양한 서비스와 토큰에서 사용하는 공통된 기능을 제공하는 플랫폼에 사용되는 암호화폐이다. 플랫폼 코인 위에 다양한 서비스에서 사용하기 위한 탈중앙 분산형 응용 프로그램인 디앱을 만들 수 있다. 대표적인 플랫폼 코인에는 이더리움, 이오스, 클레이튼 등이 있다.

ERC-20 : 이더리움 플랫폼을 기반으로 만들어진 토큰으로서 이더리움 블록체인 네트워크에서 정한 표준 토큰 스팩이다. ERC-20 토큰은 이더리움과 교환 가능하며 이더리움 지갑으로 전송이 가능하다.

디앱(DApp) : Decentralized Application의 약자로서 이더리움, 큐텀, 이오스와 같은 플랫폼 코인 위에서 작동하는 탈중앙화 분산 애플리케이션(분산앱)이다. 플랫폼 위에서 작동하는 디앱의 암호화폐는 코인(Coin)이라고 하지 않고 토큰(Token)이라고 부른다.

④ 디파이(Defi)

'디파이(Defi)'는 탈중앙화를 의미하는 'Decentralize'와 금융을 의미하는 'Finance'의 합성어입니다. 앞서 말했듯이 블록체인 기술로 설계되어 있기 때문에 정부나 기업 등 중앙기관의 통제를 받지 않습니다. 증권사, 카드사 등의 중매 없이 개인이 직접 예금이나 결제, 그리고 투자 등의 액션을 취할 수 있습니다.

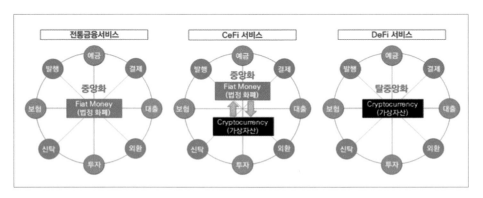

출처 : 탈중앙화 금융의 현황 및 시사점(과학기술정보통신부, 한국인터넷진흥원)

디파이의 장점은 이용이 쉽고, 중앙기관의 통제 없이 구성원들 간의 합의하에 자유롭게 운영되며 거래내역이 투명해요. 그리고 탈중앙화 금융 시스템인 디파이의 반대인 '씨파이(CeFi 중앙화된 금융 시스템)'는 암호화폐를 통한 금융상품을 말합니다. 탈중앙화 금융에 자연스럽게 암호화폐가 쓰이는 만큼, 암호화폐를 이용하는 금융상품을 모두 디파이로 보는 경우도 있습니다.

⑤ IPFS(InterPlanetary File System)

'IPFS'는 분산형 파일 시스템에 데이터를 저장하고 인터넷으로 공유하기 위한 프로토콜입니다. 냅스터, 토렌트(Torrent) 등 P2P방식으로 대용량 파일과 데이터를 공유합니다.

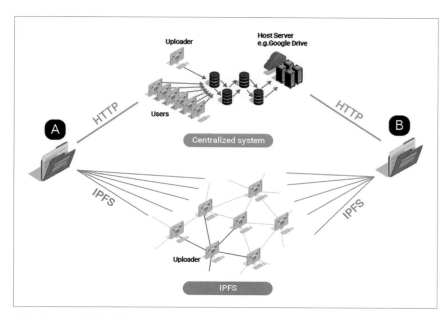

출처 : Filecoin(태진솔루션 IDC)

기존의 HTTP방식은 데이터가 위치한 곳의 주소를 찾아가서 원하는 콘텐츠를 한꺼번에 가져오는 방식이었습니다. 하지만 IPFS는 데이터의 내용을 변환한 해시값을 이용해 전 세계 여러 컴퓨터에 분산 저장되어 있는 콘텐츠를 찾아서 데이터를 조각조각으로 잘게 나눠 빠른 속도로 가져온 후, 하나로 합쳐 보여주는 방식으로 작동합니다.

　해시 테이블은 정보를 키와 값의 쌍(Key/Value pairs)으로 저장하는데, 전 세계 수많은 분산화된 노드들이 해당 정보를 저장하기 때문에 사용자는 IPFS를 사용함으로써 기존 HTTP방식에 비해 훨씬 빠른 속도로 데이터를 저장하고 가져올 수 있습니다.

메타버스 세계의
촉진제, AR과 VR

AR과 VR의 특징

AR(Augmented Reality) : 증강현실을 말한다. 현실의 이미지나 배경에 3차원 가상 이미지를 겹쳐서 하나의 영상으로 보여주는 기술이다.

VR(Virtual Reality) : 가상현실로, 특정한 환경이나 상황을 컴퓨터로 만든 가상세계에서 사람이 마치 실제 주변 상황·환경과 상호작용을 할 수 있도록 만든, 인간-컴퓨터 사이의 인터페이스를 말한다.

HMD(Head Mounted Display) : 군사용으로 머리에 착용하는 고글형 디스플레이. 파일럿 연습용으로 사용되었다.

메타버스 산업에서 가장 자주 언급되는 단어는 **AR**과 **VR**입니다. AR과 VR은 그동안 게임과 엔터테인먼트 산업을 중심으로 발전해 왔습니다. 사용자들의 만족감과 AR과 VR이 주는 장점으로 인해 다양한 분야에서 관련 기술을 활용할 수 있도록 개발되고 있지요.

AR은 현실세계에 가상의 이미지를 실시간으로 증강시키는 기술로 AR을 활용한 대표적인 게임으로 '포켓몬 고'를 들 수 있어요. AR은 1960년대 유타대학의 이반 서덜랜드가 고안한 **HMD**를 바탕으로 발전해 왔습니다. 1990년대 보잉사에서 항공기 전선 조립을 설명하면서 실제 화면에 가상의 이미지를 입혀 이를 쉽게 설명하고자 하는 과정에서 AR을 사용하였답니다.

VR은 가상의 세계에서 사용자가 실제와 같은 체험을 할 수 있도록 하는 기술로 AR과는 다르게 새롭게 만들어진 가상의 공간에서 다양한 체험과 경험을 할 수 있도록 합니다. VR을 활용한 예로는 헤드셋을 끼고 게임을 즐기는 VR게임방과 비행시뮬레이션 게임 등이 대표적이며, 가상공간에 실물과 똑같은 물체를 만들어 다양한 모의시험(시뮬레이션)을 통해 기기들의 현재 상태들을 확인하고 사전 정비나 교육 등에 활용됩니다.

AR과 VR의 장점을 혼합한 기술은 'MR(Mixed Reality)'이라고 합니다. 2018년 평창 동계 올림픽 당시 MR 기술로 3D 안경 없이 올림픽 경기장이 건설되기 전과 후의 과정을 입체적으로 볼 수 있었습니다.

> **혼합현실(MR)** : 실제 환경의 객체에 가상으로 생성한 정보(소리, 햅틱, 냄새 등)를 실시간으로 혼합해 사용자와 상호작용하는 기술을 말한다.
> 매직리프가 개발한 혼합현실(MR)은 사실감을 극대화한 3D입체 영상을 현실 공간에 구현한다. 매직리프는 웨어러블 기기 없이 현실 공간에 가상정보를 보이게 만드는 기술인데 별도의 장비를 착용하지 않고도 맨눈으로 실제와 같은 가상현실을 접할 수 있는 기술이다.

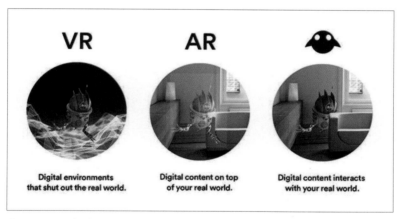

VR
Digital environments that shut out the real world.

AR
Digital content on top of your real world.

Digital content interacts with your real world.

출처 : 증강현실(AR)과 가상현실(VR) 콘텐츠 이해 및 교육적 활용 방안(KERIS)

혼합현실 기반은 마이크로소프트의 '홀로렌즈(Hololens)'가 대표적이며 공간 및 위치 인식 사물 인식을 통한 콘텐츠의 공간배치 등, 기존의 증강현실보다 더욱 현실감 있는 콘텐츠를 활용할 수 있어요. 최근 인텔의 Alloy프로젝트를 통해 기존의 몰입형 VR HMD 장치에서 현실의 객체를 혼합할 수 있는 새로운 개념의 MR(Merged Reality) 개념을 선보였습니다.

AR과 VR 발전의
패러다임 변화

    가상현실의 가장 기본원리는 사람이 가지고 있는 두 눈동자의 시차인 양안시차를 이용한 것입니다. 일반적으로 사람의 두 눈동자는 6~6.5cm 떨어져 있어 VR기기의 양 렌즈에 사람의 양안시차만큼 다른 각도로 촬영된 영상이 재생되기 때문에, 일반 디스플레이와는 달리 입체감을 느낄 수 있습니다.

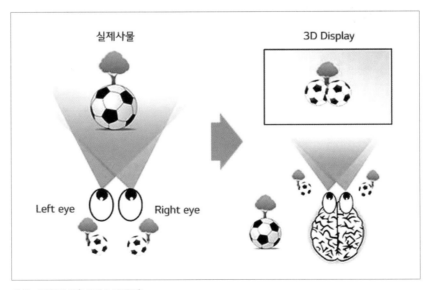

출처 : 양안시차(LG디스플레이)

사람이 바라보는 방향에 따라 영상을 변화시키기 위해서는 '모션트래킹 센서'
가 사용됩니다. 모션트래킹 센서는 자이로 센서와 가속도 센서로 구성되어 있으
며, 사용자의 움직임에 따라 변하는 자이로 센서의 값을 읽어 들여 영상의 방향
을 전환하고, 가속도 센서의 값을 읽어 영상의 변화 속도를 조절합니다.

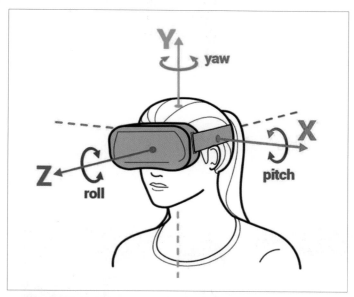

출처 : 화면 이동원리(Oculus)

증강현실은 실제 환경과 가상 환경의 물리적인 상호작용이 가능하도록 해야
합니다. 따라서 증강현실의 배경이 되는 실제 환경을 정확히 인식해야 하기에 실
제 현실의 정보를 취득할 수 있는 카메라와 위치정보를 제공하는 GPS와 방향의
정보를 제공하는 지자기센서가 필요합니다.

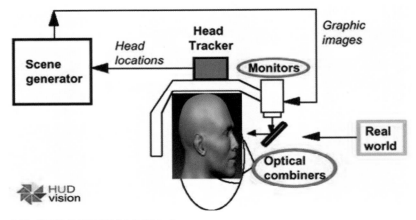

출처 : 증강현실 구현과정(HUD Vision)

'매직리프'는 가상의 이미지를 자연스럽게 연출하는 '포토닉스 라이트필드 (Photonics light field)'기술을 보유하고 있어요. 이는 단말에 탑재된 소형 프로젝터

출처 : 포토닉스 라이트필드 기술(MagicLeap)

가 투명한 렌즈에 빛을 비춰 망막에 닿는 빛의 방향을 조정함으로써 컴퓨터가 만들어낸 가상의 객체를 현실 세계의 물체처럼 구현할 수 있는 기술입니다.

　자료 이미지에서 보이는 것처럼 체육관에서 고래가 나오는 영상과 사무실 환경에서 다양한 캐릭터가 공간을 활용해 게임 환경으로 이용하는 것, 그리고 손바닥 안에서 작은 코끼리가 감춰져 있다가 나타나는 영상의 공통점은 모두 환경 물체를 인식하여 콘텐츠를 표현할 수 있기 때문입니다.

출처 : 플레이 이미지(leapmotion)

　매직리프는 오큘러스(Oculus)의 HMD 앞면 및 키보드 옆에 위치해 10개의 손가락을 모두 자연스럽게 인지하여 가상의 콘텐츠를 제어할 수 있는 립모션 기술

립모션 : 기존의 VR 장치에서 컨트롤러를 별도로 조작해야 되는 불편함을 없앨 수 있는 기기이다.

입니다. 작은 사이즈로 손쉽게 다양한 가상 콘텐츠를 조작할 수 있다는 장점 때문에 교육용 콘텐츠에도 많이 활용할 수 있습니다.

마이오(MYO) : 팔에 장착하여 밴드 형태로 다양한 디바이스를 컨트롤할 수 있는 장치다. 드론 및 다양한 장치를 원격에서 근육 제스처를 통해 제어할 수 있다는 장점이 있다.

기존의 마이크로소프트 키넥트 모션 인식장치의 단점들을 대체할 수 있는 장치로 다양한 테스트에 활용되었습니다. 특히 군사적 용도의 실험 및 다양한 기기들과의 연동뿐만 아니라 제스처로 제어할 수 있는 마이오 기기도 있습니다.

출처 : 마이오 플레이 이미지(Myo)

하지만 연결성 장치 및 연계 콘텐츠의 부족으로 보급성 및 다양성에서는 아직 활성화되지 못하고 있으며, 향후 다양한 IoT 기기들의 확대에 따라 스포츠 영역 및 기타 의료 분야에서 뛰어나 확장성을 가지고 올 것으로 기대됩니다.

또한 의료용 수술 장비 형태에서 보급성 기기로 변환하고 가격 및 기능을 간편화하여 기존의 마우스 형태를 햅틱 마우스 형태로 바꾼 3차원 포스 피드백 기술이 있습니다. 이 기술을 통해 단단함, 자석 느낌, 고무공 느낌, 끈적거림 등 가상의 콘텐츠에서 느낄 수 없는 촉감에 대한 부분들을 간접 체험할 수 있도록 만들었으며 실제로 가상의 콘텐츠 질감 부분까지 체험할 수 있답니다.

출처 : 팔콘 컨트롤러 이미지(Novint)

89

햅틱형 글러브로 연결성과 이동성 면에서 많은 장점을 가지고 있는 '캡토글러 브'는 손과 손가락으로 게임 또는 VR 콘텐츠를 컨트롤할 수 있는 웨어러블 장갑 입니다. 10개에서 20개 정도의 자유도를 가지며 한 손 및 양손 모두 제어가 가능해요.

이러한 연결성은 모바일 기반의 HMD에서 활용되고 있으며 향후 MR 및 일체형 HMD와의 기기 연결이 호환될 경우 다양한 콘텐츠의 경험뿐만 아니라, 디지털 트윈을 제어하는 데에도 효과적일 것으로 기대하고 있습니다.

출처 : 캡토글러브 이미지(Captoglove)

UNIST에서는 가상현실에서 물체를 만질 때 실제 물체를 만지는 것과 같은 열감과 진동을 사용자에게 전달하는 장갑 시스템을 개발했습니다. 장갑의 고정밀 유연센서가 사용자 손 움직임을 측정해 가상현실로 전달하고 가상세계의 열과 진동 같은 자극을 손으로 다시 피드백하는 기술입니다.

이 장갑은 5개 손가락의 10개 관절 각도를 실시간으로 측정할 수 있을 뿐만 아니라 열감과 진동도 여러 단계로 바꿀 수 있어요. 이 때문에 손가락의 움직임을 가상화면에 즉석에서 보여줄 수 있으며, 가상현실에서 뜨거운 물의 쇠공을 잡으면 실제 뜨거운 물에 손을 넣다 뺀 것 같은 순차적 온도변화도 느낄 수 있답니다. 그리고 금속 덩어리와 나무토막을 만졌을 때 온도 차이를 느끼는 것도 가능할 정도로 우수해요. 이러한 장갑 시스템은 자극 전달과 센서 기능이 통합됐기 때문에 비대면 메타버스 시대에 맞는 가상기술 훈련이나 게임, 엔터테인먼트 분야에 폭넓게 적용할 수 있습니다.

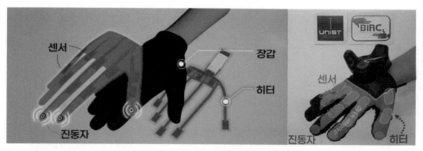

출처 : 열·진동 전달, 손 움직임 동시 측정 가능한 스마트 장갑(UNIST)

AR과 VR 개발의
필요성

    AR과 VR은 게이밍 산업뿐만 아니라 4차 산업혁명과 관련된 산업현장과 헬스케어, 국방 분야 등 다양한 분야에서 적용되고 있어요. 산업 분야에서는 AR과 VR을 스마트공장 구축을 위해 적극적으로 사용하고 있답니다. 작업자들을 대상으로 하는 교육용 프로그램뿐만 아니라 가상세계와 물리적 세계를 결합하여 공장 데이터 분석뿐만 아니라, 공정과정 중 일어날 수 있는 상황에 대한 시뮬

출처 : 스마트제조(오토데스크)

레이션, 시스템 모니터링 등에 사용되고 있어요. 이처럼 생산성 향상과 안정성을 확보하기 위해 필요하답니다.

헬스케어 분야에서는 CT나 MRI 등의 의료기기로 촬영한 영상을 AR과 VR 기술을 통해 종양의 크기와 위치를 확인하고 수술 부위 주변의 혈관이나 조직들을 시각화하여 실제 수술 전 가상현실로 수술을 실시하거나, 의료진 훈련을 위해 활용되고 있어요. 또한 비대면 진료를 카메라를 통해 정보를 파악하기에는 한계가 있었는데 가상현실 공간에서 다양한 웨어러블 디바이스와 다양한 센서를 접목한다면 효과적으로 환자를 진료할 수 있습니다.

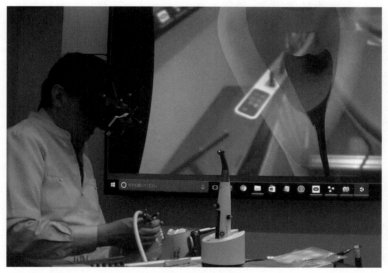

출처 : 혼합현실(MR)을 이용한 치과 치료 지원 시스템(Realize Mobile Communications)

국방 분야에서는 군 병력의 이동 없이 AR과 VR을 통해 실제 전투 환경과 장비를 재현할 수 있는 장점이 있어 이러한 기술 활용도도 높아지고 있습니다. 국방부에서는 '국방개혁2.0'을 통해 체계적이고 과학적인 신병 훈련과 시뮬레이터, AR과 VR을 기반으로 하는 모의 전투훈련 등을 통한 실전적 교육훈련 체계를 강화하고 있지요. 이뿐만 아니라 육·해·공군 모두 AR/VR 기술을 통해 특수상황 속에서 반복적인 훈련을 통해 훈련 능력을 극대화할 수 있도록 노력하고 있답니다.

출처 : 방위사업청

미국과 유럽 등 많은 나라에서 기존에 생각했던 분야보다 훨씬 더 많은 분야에서 AR과 VR 기술 개발로 관련 산업 플랫폼 개발 및 표준화 선점을 위해 빠르게 움직이고 있어요. 미래 먹거리 산업인 AR과 VR 관련 기술의 개발은 이제 선택이 아닌 필수가 되었답니다.

04

AR과 VR 계약학과

구분	학교명
고등학교	대광고 VR콘텐츠과(부산 사하구)
	서울디지텍고 VR콘텐츠과(서울 용산구)
	서울전자고 미디어아트과(서울 서초구)
	한강미디어고 웹미디어콘텐츠과(서울 영등포구)
전문대학	수성대 VR콘텐츠과(대구 수성구)
	수원여대 VR콘텐츠전공(수원시 권선구)
	신구대 VR게임콘텐츠과(성남시 중원구)
	유한대 VR게임·앱과(경기도 부천시)
	백석문화대 AR/VR영상전공(충남 천안시)
	부천대 영상&게임콘텐츠과(경기 부천시)
	서정대 게임영상컨텐츠과(경기 양주시)
	인덕대 방송영상미디어학과(서울 노원구)
	전주비전대 방송영상디자인과(전주 완산구)
	한국폴리텍 대전캠퍼스 VR미디어콘텐츠과(대전 동구)
대학교	가톨릭대 미디어기술콘텐츠학과
	강남대 ICT공학부(가상현실과)
	남서울대 가상증강현실융합학과
	백석대 첨단IT학부 AR/VR
	상명대 AR·VR미디어디자인전공
	서울여대 첨담미디어디자인전공
	우송대 테크노미디어융합학부
	한양대 에리카 ICT융합학부(디자인테크놀로지전공)

대광고는 발명학교로 지정되어 발명아이디어 제안/창작대회를 진행하고 있으며, 생활 속 불편한 점을 현실화하는 메이커 교육을 듣고 직접 제작해 볼 수 있습니다. 이렇게 제작한 발명품을 특허로 등록할 수 있도록 지원도 해 주고 있어요. 부산 최초 VR콘텐츠과로 최첨단 360도 카메라로 촬영하여 이를 UNITY프로그램을 통해 가상현실 및 증강현실 콘텐츠를 제작할 수 있는 능력도 배양할 수 있답니다.

서울전자고는 서울 유일의 공립 전자계열 특성화고입니다. 미디어아트과는 웹기술과 미디어콘텐츠 구성 요소인 텍스트, 사진, 동영상 제작법을 익혀 웹미디어 콘텐츠를 기획, 제작, 운영할 수 있는 역량을 기를 수 있도록 실무중심으로 교육과정이 편성되어 있습니다. 조형, 시각디자인, 컴퓨터 그래픽, 디지털 디자인, 애니메이션 콘텐츠 제작, 스마트 문화 앱 콘텐츠, 광고 콘텐츠 제작 등의 실습 능력을 배양할 수 있도록 구성했어요.

또한 학습한 내용을 바탕으로 개인 맞춤형 디자인 포트폴리오를 제작하고 이를 바탕으로 취업뿐만 아니라 대학에서 추가적인 학습이 이루어질 수 있도록 지원하고 있어요.

수성대 VR콘텐츠과는 지역문화 콘텐츠와 연계된 활동들을 많이 하고 있어요. VR콘텐츠, 게임개발 전문가 배출을 위한 사회맞춤형 학과입니다. 2D 게임 그래픽, 알고리즘, 3D 모델링, UI 그래픽디자인, 3D 애니메이션, 콘셉트 기획, UI/UX 프로그래밍, 객체지향언어 실습, 3D 게임 이펙트, VR/AR게임프로그래밍 등을 배우며 게임프로그래머, 게임그래픽 디자이너, 게임기획자를 양성하고 있습니다.

05

AR과 VR학과
교육과정

① 유한대 VR게임·앱과

1학년	2학년	3학년
VR게임·앱정보능력 스크래치프로그래밍 컴퓨터개론 C프로그래밍 HTML5(1) 컴퓨터그래픽스 파이선 프로그래밍	게임데이터분석 C#응용 UI/UX디자인 게임엔진프로그래밍 반응형 웹 앱기획 프로그래밍패턴	S/W품질관리 게임리포팅(1) 3D게임엔진 VR게임앱개발창업 문제해결능력응용 방학현장실습(2) 서버프로그래밍(1)
SQL활용 VR게임·앱기술능력 게임분석응용 2D게임그래픽디자인 C#기초 C프로그래밍 실습 HTML5(2) 게임알고리즘	게임이벤트기획 3D프로그래밍 UI/UX디자인 응용 게임기획 게임엔진 응용 문제해결능력 기초 방학현장실습(1) 하이브리드앱	게임리포팅(2) 게임품질관리 메타버스 방학현장실습(3) 서버프로그래밍(2) 캡스톤디자인

유한대 VR게임·앱과의 교육과정을 보면 게임 개발 쪽이 강합니다. 가상현실(VR)은 게임에서 가장 활발하게 적용되고 있으며, 게임 프로그램을 통해 가상현실을 만들 수 있기에 이를 익힌다면 폭넓게 취할 수 있는 장점이 있어요. 모바일 게임 및 가상현실(VR) 기술 등의 최첨단 플랫폼을 위한 인재 양성에 최적화되어

있으며, 스마트 IT 환경에 특화된 기초 기술인 IT융합 기본교육 이외에도 프로젝트 기획, HTML5, UNITY, C언어, JAVA 등 프로그램 언어를 익혀 앱이나 모바일 게임을 제작할 수 있어요. 또한 UI/UX디자인, 메타버스 등을 통해 수준 높은 VR 품질을 구현하는 기술로 가상인간을 제작할 수 있어요. 이를 바탕으로 VR·AR·MR콘텐츠 개발자, VR게임콘텐츠 개발자, 모바일앱 콘텐츠 개발자 등 제4차 산업혁명에 필요한 창의융합형 인재를 양성합니다.

다양한 사회맞춤형 사업 진행으로 S-OJT 현장체험교육, 기업체 현장견학, 학생역량 강화 캠프나, 현장실습 또는 전공 교과 경진대회를 진행하고 있습니다. 또한 학술제를 진행하면서 지난 3년 동안 수행한 모든 교과목을 응용하며 앱, 웹, VR콘텐츠 작품을 기획하고 개발한 내용을 발표 및 시연하는 학교 행사를 주관하고 있습니다. 이 행사는 홈커밍데이를 겸하여 수행되며, 행사에 참여한 졸업생들로부터 회사 생활에 대한 노하우와 직무 정보를 전수받는 등 유익한 시간을 보냅니다.

현장실습의 경우는 대부분 SW개발, 앱개발, VR콘텐츠개발 및 운영, 게임 운영 분야인 QA 및 GM과 관련된 기관을 대상으로 이루어집니다. 학생들은 현장실습을 통해 졸업 후 새로운 도전인 취업에 앞서 회사 생활을 경험하고 현장 적응 능력을 키울 기회를 얻게 되지요. 본 학과에서는 하계현장실습 및 학기제 현장실습을 시행하고 있으며, 학생들은 방학 혹은 학기 동안 산업체에서 근무하면서 사회생활을 먼저 경험할 수 있답니다.

② 남서울대학교 가상증강현실융합학과

	S/W 개발		인터랙티브 콘텐츠		실감 미디어	
	인공지능/빅데이터/DB응용		산업용 콘텐츠	교육/체험용 콘텐츠		360 영상그래픽
1-1	XR 프로그래밍 기초1		가상현실개론	VR/AR 콘텐츠 기획		XR콘텐츠 디자인 기초
1-2	XR 프로그래밍 기초2		XR 데이터 사이언스 기초	2D Asset Creation		XR콘텐츠 UX/UI 디자인
2-1	XR프로그래밍 응용	소프트웨어 자료구조	VR/AR콘텐츠 애널리스틱	VR/AR 콘텐츠 제작1	3D Asset Creation	VR/AR 모션 그래픽스 기초
2-2	인공지능 프로그래밍	콘텐츠 기술기획과 장비응용	VR/AR 엔진 기초	VR/AR 콘텐츠 제작2	3D 콘텐츠 기초	인터랙티브 콘텐츠 디자인
3-1	지능가상현실	iAR 프로그래밍	디지털 기술 알고리즘	VR/AR 엔진 응용	산업용 콘텐츠 개발1	3D 콘텐츠 제작
3-2	XR 데이터베이스	VR/AR 기술제작	산업용 콘텐츠 개발2	XR프로젝트	VRAR 스토리텔링	실감 미디어 실습
4-1	졸업작품 [캡스톤1]			빅데이터 기술		360도 VR 동영상 제작
4-2	미디어 현장실습		빅데이터 시각화		산업연계형 [캡스톤2]	

남서울대학교는 '융합 실무형 섬기는 리더를 양성하는 교육혁신 대학'이라는 비전을 가지고 실무형 인재를 양성하는 학생중심의 교육체계를 갖춘 학교입니다. 가상현실(VR)과 증강현실(AR)의 전문인력을 기업에서 많이 요구하여 '가상증강현실융합학과'를 2022년에 신설했습니다. 첨단 가상증강현실센터를 기반으로 IT와 가상증강현실 기술, 실감영상디자인 등을 제작할 수 있는 전문가 양성을 목표로 하고 있어요.

2014년 가상증강현실 센터를 설립해 실감형 콘텐츠 솔루션인 '지스페이스(zSpace)'를 통해 XR 콘텐츠 기획, 디자인, 개발 등의 다양한 커리큘럼을 제공하고 있어요. XR솔루션인 지스페이스(zSpace)를 통해 기존의 HMD 형태를 벗어난 새로운 실감형 콘텐츠 전용 장비인 zSpace, 3D 전용안경, 스타일러스 펜으로 학생들 간 협업, 소통을 기반으로 실감형 콘텐츠를 기획, 디자인 및 제작할 수 있습니다. 또한 실무 제작 능력 향상을 위한 PBL(Project Base Learning) 방식의 수업과 창의적 종합설계 능력을 갖춘 인재를 양성하기 위해 고안된 캡스톤 디자인(Capstone Design)에 zSpace를 활용하고 있어요.

출처 : XR랩 실습 모습(남서울대)

매치업 : 대학생, 재직/구직자 등을 대상으로 4차 산업혁명 분야 교육과정을 시공간 제약 없이 단기간에 이수하여 취업할 수 있는 프로그램으로 2018년부터 도입됐다.

산업맞춤 단기직무능력인증과정 매치업(Match業)사업은 2021년 신규 사업으로 가상/증강현실 과정이 개설되었습니다. 유니티 테크놀로지스코리아와 협업을 통해 실무 능력을 극대화할 수 있도록 교육과정을 운영하고 있습니다.

③ 가톨릭관동대학교 CG디자인학과

1-1	2-1	2-2	3-1	3-2	4-1	4-2
디지털영상 스토리보드	디지털 영상합성	디지털 영상실습	VR/AR 디자인	메타버스 프로덕션워크샵	컴퓨터그래픽 워크샵	CG졸업작품 세미나4
디지털캐릭터 디자인	키네틱 타이포그래피	모션그래픽스	이미지 콤퍼지션	미디어 컨버전스	CG졸업작품 세미나3	
1-2	디지털미디어 스튜디오	디지털조형과 3D프린팅	3D라이팅앤 렌더링	3D룩 디벨롭먼트		
이미지와 시간	애니메이션 워크샵기초	애니메이션 워크샵심화	3D애니메이션	매치무브		
디지털 아트워크	3D모델링 앤텍스쳐	게임디자인	CG졸업작품 세미나1	캡스톤 디자인2		
3D그래픽 디자인			캡스톤 디자인1	CG졸업작품 세미나2		

가톨릭관동대 CG디자인학과에서는 영화진흥위원회에서 시행하는 2021년 VR영화제작교육 일반과정에 선발돼 강릉을 배경으로 한 〈숨바꼭질 엔딩〉 VR 단편영화를 제작했어요. 학생들은 제작에 직접 참여함으로써 VR영상에 대한 이해도를 높였답니다.

또한 Wacom Cintiq Pro 24 전용 강의실을 구축해서 '와콤'의 최신 모델인 'Cintiq Pro 24'로 국내에 정식 발매 전인 'Cintiq Pro' 전용 본체인 'Cintiq Pro Engine'도 함께 설치해 실무능력을 함양할 수 있도록 지원하고 있습니다. 독일산 ARRI 조명을 보유한 고급 촬영장비를 갖춘 크로마실도 개조해 가상현실을 실감 콘텐츠로 제작할 수 있도록 구성하였어요.

④ 한양대 에리카 ICT융합학부(디자인테크놀로지전공)

2-1	2-2	3-1	3-2	4-1	4-2
자료구조론	데이터베이스	피지컬컴퓨팅	컴퓨터그래픽스	디자인마케팅과 컨설팅	융합서비스 디자인설계
오픈소스SW	컴퓨터알고리즘	창의캡스톤 디자인1	창의캡스톤 디자인2	스마트실감형 어플리케이션 개발	융복합미디어 소비자심리
감성미학	인간공학과실습	인간-컴퓨터 시스템설계	감성UI/UX	ICT융합캡스톤 디자인1	인터랙티브 멀티미디어
공학과심리	AR/VR기술 응용	디자인소프트 웨어실습	다중미디어 컨텐츠디자인	리빙랩이론과 실제	ICT융합캡스톤 디자인2
MR&미디어	디자인공학 소프트웨어실습 (3D모델링&프린팅)	가상인터페이스 디자인	3D그래픽응용	HCI연구실심화 실습3	HCI연구실심화 실습4
디자인 공학드로잉& 2D실습1	4차산업과문화 융합혁신 프로젝트	융합기술과 이노베이션 디자인	커넥티드오토 모빌리티 융합개발		
인공지능의이해	디자인 공학드로잉& 3D실습2	HCI연구실심화 실습1	ICT융합과창업		
IC-PBL과 취창업을위한 진로탐색	신산업융합 디자인		HCI연구실심화 실습2		
			가상및증강현실 시스템		

한양대 ERICA캠퍼스는 국내에서 보기 드문 학연산 클러스터를 이루고 있습니다. 한국생산기술연구원, 산업기술시험원, LS소재부품연구소 등을 교내에 유치했고, 현재 140여 개 기업이 입주해 캠퍼스 내 연구소와 기업과의 공동연구, 학생실습이 활발하게 이뤄지고

있습니다.

　ERICA캠퍼스는 중앙일보 평가에서 종합평가 '학생교육노력 및 성과' 영역의 '현장실습 참여학생 비율'과 '캡스톤디자인 수업 참여비율' 항목에서 각각 전국 4위와 12위를 기록할 정도로 현장에 적합한 실무형 인재를 양성하고 있습니다.

06

AR과 VR학과를 위한
과목 선택

2022 개정교육과정에서는 융합선택과목과 진로선택과목으로 세분화되어 자신이 전공하고자 하는 분야에 대해 깊이 배울 수 있도록 선택과목의 폭을 넓혔습니다.

교과	선택과목		
	일반선택	융합선택	진로선택
국어	화법과 언어 독서와 작문 문학	독서 토론과 글쓰기 매체 의사소통	주제탐구 독서 문학과 영상
수학	대수 미적분I 확률과 통계	실용통계 수학과제 탐구	미적분II 기하 인공지능 수학 심화수학I, II 고급수학I, II
영어	영어I 영어II 영어독해와 작문	실생활 영어회화 미디어 영어	영어 발표와 토론 심화영어 심화영어 독해와 작문
사회	사회와 문화 현대사회와 윤리	역사로 탐구하는 현대세계 사회문제 탐구 윤리문제 탐구	도시의 미래 탐구 법과 사회 윤리와 사상 인문학과 윤리

과학	물리학 화학 생명과학 지구과학	과학의 역사와 문화 기후변화와 환경생태 융합과학 탐구 물리학실험	역학과 에너지 전자기와 빛 물질과 에너지 지구시스템과학 과학과제 연구 고급 물리학
교양	논리학 진로와 직업 논술 정보	디자인 일반 컴퓨터 그래픽	지식재산 일반 정보과학

☑ AR과 VR학과를 희망하는 경우 고등학교 때 어떤 과목을 꼭 들으면 좋을 까요?

현재 학교에서는 AI, AR, VR을 활용하여 다양한 수업을 진행하고 있습니다. 수업 중 직접 경험했던 좋았던 점이나 보완점을 체크해서 여러 방향으로 수업을 제안해 보거나, 직접 프로그램을 만들어보는 것도 적극 추천합니다.

기하, 인공지능 수학, 수학과제탐구와 물리학 등의 수업을 듣고 흑백사진을 컬러사진으로 바꿔주거나, 보고 싶은 사람들을 AR, VR을 활용하여 영상으로 구현하여 다시 만나볼 수 있도록 도와주는 방법에 대해 탐구할 수 있어요. AR, VR의 실현과정은 하나의 원리로 구현되지는 않으므로 융합과목으로 탐구를 하는 것을 추천해요.

사람은 왼쪽 눈과 오른쪽 눈으로 바라보는 세계가 조금씩 다르다고 해요. 뇌는 양쪽 눈에서 각각 다르게 오는 상을 합쳐서 하나의 상으로 인식하게 되고 이 과정을 통해 우리 눈이 이루는 각의 크기로 입체감을 느낄 수 있습니다. VR에서 나오는 영상은 왼쪽과 오른쪽이 미세하게 다른 원리를 이용해 입체감을 느낄 수 있게 해줍니다. 이때 어떻게 뇌에서 상을 합치는지 그 과정을 탐구해 보는 것도 좋습니다.

AR을 구현하기 위해서는 사용자가 어디 있고, 무엇을 보고 있는지 또한 그 사용자가 보고 있는 주변 환경에 대해 정확한 위치를 알 수 있어야 더 실감 나는 증강현실을 구현할 수 있어요. 이때 사용하는 기술은 GPS가 핵심입니다. 사용자의 위치를 반영하여 표현해야 하기 때문이지요. GPS는 3개의 인공위성에 통신을 보내 사용자의 위치를 3개의 구의 중심이 바로 사용자의 위치라고 생각하면 됩니다. 사용자의 카메라가 보고 있는 시야를 알기 위해서는 가장 대표적으로 자이로 센서와 중력센서를 통해 아래 방향과 6축 방향으로 정교한 모션 센싱이 가능해 사용자의 카메라가 어떠한 방향으로 보고 있는지, 어느 방향으로 움직이는지 확인할 수 있어 AR을 구현할 수 있어요. 그러다 보니 삼각함수를 이용하거나 물리에서 배운 역학도 사용되고 공간의 방향을 활용할 수 있는 기하의 공간좌표축도 필요하게 됩니다. 이런 활동을 하다 보면 수학과 과학 교과의 중요성을 알 수 있습니다.

☑ 새로운 콘텐츠의 발달로 인한 문제점은 어떤 과목에서 탐구할 수 있나요?

AR과 VR의 지속적인 사용은 자극적인 영상으로 뇌전증(간질) 유발, 시각정보와 움직임과의 차이로 인한 사이버 멀미, 헤드셋에 내장된 진동 기능이 진동장애, 청력 저하, 근육통 등의 문제점을 발생시킬 수 있습니다. 따라서 사회문제탐구나 윤리문제탐구 과목을 선택해서 심화활동을 하는 것을 추천해요.

VR은 콘텐츠를 즐기기 위해 필요한 HMD의 경우 무게가 300g~700g 수준으로 장시간 착용 시 목에 무리가 올 수도 있고, 머리의 무게중심이 앞으로 쏠려 목 디스크가 발생할 수도 있습니다. 앞으로는 게임중독처럼 AR, VR중독이라는 단어도 들을 수 있을 것 같아요.

AR, VR을 활용하여 바이오 계열의 주제탐구를 하기 위해서는 눈의 피로로 인한 근시, 망막 이상, 시력 저하와 3D화면에 의한 'IT 멀미'에 대해 관심을 갖고 해결책을 제시하는 것도 좋습니다.

이 외에도 다양한 콘텐츠를 만들기 위해서는 재미있는 아이디어가 필요해요. 이런 아이디어는 다양한 독서를 통해 얻는 것도 좋습니다.

07

AR과 VR학 관련
재미있는 탐구활동

① VR 어플로 애니메이션 학교 구현

360도 영상을 촬영하는 것은 가장 저렴한 방법으로 카메라와 편집비용 외에는 따로 비용이 들지 않습니다. 사용자들은 한 장소에 고정되어 그 지점에서 회전하면서 주위를 둘러보는 방식입니다. 하지만 3D 애니메이션에서는 사용자가 버튼을 조작하면서 가상세계 내부를 돌아다닐 수 있어요. 구글 스트리트 뷰를 최적화한 스타일이라고 보면 됩니다. 3D 애니메이션을 이용하면 현실세계에서와 마찬가지로 앞으로 몸을 숙일 수도 있고, 사물을 더 가까이에서 들여다볼 수도 있습니다.

→ VR 어플로 학교 외부뿐만 아니라 내부까지 다양하게 구현할 수 있는 탐구하기

기사명		관련 영역	
주제명			
읽게 된 동기			
탐구 내용			
느낀 점			
추후 심화 활동			
학생부 브랜딩			

② 아이폰 라이다 카메라로 내가 살고 있는 지역 3차원 구현

주변 공간을 아이폰 카메라로 비춰 3차원으로 기록해 주는 SiteScape 어플로 빠르고 정확하게 구현할 수 있습니다. 나무와 같은 것도 3차원으로 구현할 수 있으며, 물체와 14cm~15cm의 측정범위로 직접 걸어 다니면서 촬영하면 자신이 살고 있는 지역의 3차원을 지도를 만들 수 있습니다.

→ 3차원 지도를 만들어 지역을 홍보하는 데 활용할 수 있는 방안 탐구하기

기사명		관련 영역	
주제명			
읽게 된 동기			
탐구 내용			
느낀 점			
추후 심화 활동			
학생부 브랜딩			

③ 유니티로 VR게임 제작

많은 게임엔진이 있지만 대중에게 무료로 공개되어 사용할 수 있는 게임엔진 중 대표적인 것은 '언리얼 엔진', '유니티'입니다. 그중에서 유니티의 장점은 프로그래밍을 잘 모르는 사람들도 쉽게 제작할 수 있다는 것이에요.

게임엔진은 그래픽디자인 프로그램과 유사한 형태로 되어 있어 프로그래머 없이도 쉽게 편집이 가능해요. 또한 용량이 적고 가벼워 사양이 높지 않은 컴퓨터로도 제작이 가능합니다. 그리고 C#, Java Script를 활용하여 사용할 수 있다는 장점이 있어요. 경기도 평생학습포털 GSEEK에서는 이를 활용하여 무료로 학습할 수 있습니다.

→ 프로그래밍을 모르더라도 윈도우처럼 쉽게 사용할 수 있는 유니티를 활용하여 게임을 제작할 수 있는 방안 탐구하기

기사명		관련 영역	
주제명			
읽게 된 동기			
탐구 내용			
느낀 점			
추후 심화 활동			
학생부 브랜딩			

가상세계 속의
현실세계,
디지털 트윈

01

디지털 트윈 기술의
필요성

메타버스가 활성화되면서 디지털 트윈 기술도 같이 발전하고 있답니다. 디지털 트윈은 2002년 미국 미시간대학교 마이클 그리브스 박사가 제품생애주기관리(PLM)의 이상적 모델을 설명하면서 처음 사용되었어요.

〈디지털 트윈 개념 구조도〉

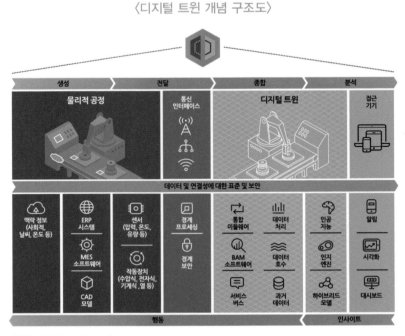

출처 : Deloitte Korea Review

현실세계가 반영된 가상세계로 센서를 활용해 동일하게 만든 것을 '디지털 트윈'이라고 부릅니다. 즉, 물리 트윈과 디지털 트윈 이 두 세계를 연결해 주는 통신 작용을 총칭해서 '디지털 트윈'이라고 합니다.

디지털 트윈은 현실세계를 가상세계에 동일하게 시각화한 다음, 시각화 대상의 동적 특성을 확인해 이상 여부를 즉각적으로 확인하거나 현실에서 일어날 수 있는 상황을 테스트하여 훈련용으로 활용하고 있어요.

디지털 트윈은 3단계로 구분할 수 있는데 레벨 1은 현실세계의 객체의 속성을 가상세계에서 동일하게 반영하여 3D시각화한 정보를 제공합니다. 레벨 2는 현실세계와 가상세계의 데이터를 연결하여 실시간으로 모니터링하면서 양방향 제어가 가능하도록 관리합니다. 레벨 3은 AI를 활용한 분석 및 시뮬레이션이 가능할 정도를 발전된 상태입니다.

현재 이뤄지고 있는 디지털 트윈은 대부분 레벨 1 정도에서 스마트 팩토리로 활용할 수 있는 레벨 2로 발전하고 있어요.

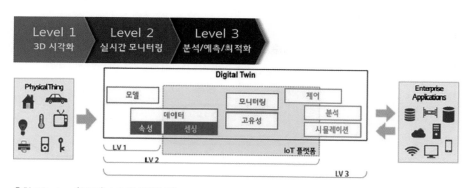

출처 : Gartner(2016), LG CNS(2018)

〈디지털 트윈 기술발전 5단계〉

기술단계	정의	설명
5단계	자율 DTW's (Autonomous)	개별 및 복합 디지털 트윈에서 자율적으로 문제점을 인지하고 해결하여 물리 대상 최적화
4단계	연합 DTW's (Federated)	최적화된 개별 물리 대상들이 상호 연계된 복합 디지털 트윈 재구성 및 물리 대상 상호운영 최적화
3단계	모의 DTw (Modeling & Simulation)	디지털 트윈 모의결과를 적용한 물리 대상 최적화
2단계	관제 DTw (Monitoring)	디지털 트윈 기반 물리 대상 모니터링 및 관계 분석을 통한 제어
1단계	모사 DTw (Mirroring)	물리 대상을 디지털 트윈으로 복제

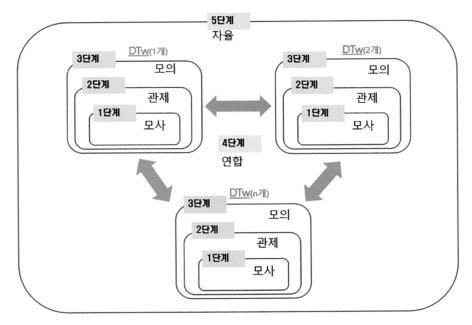

출처 : 정보통신기획평가원

〈국내 주요 기업의 디지털 트윈 도입 현황〉

기업	현황
KT	2019년 12월 KT의 디지털 트윈인 AI 기가트윈 개발, 도시 인프라를 모니터링하고 데이터를 통해 예측하는 서비스 제공
포스코건설	디지털 트윈 기반의 스마트팩토리를 구현하여 시공 통합 시스템 구축, 공정 최적화 및 안전강화를 위한 디지털 시뮬레이션 구현
LG CNS	도시 데이터를 수집, 분석해 정보를 공유하는 데이터 중심의 스마트시티 플랫폼인 Cityhub와 스마트팩토리 플랫폼인 Factova를 구축, 타 시스템과 연동 시 디지털 트윈 구현 지원이 가능
GS칼텍스	여수공장 생산시설의 실시간 모니터링이 가능한 디지털 트윈 기반 통합관제센터를 2030년 목표로 구축 중
LG유플러스	2019년 10월, 5G 네트워크를 이용한 트랙터 원격 제어 및 무인 경작과 디지털 트윈 기술을 이용한 트랙터 원격진단 서비스 제공

출처 : 주요국의 디지털 트윈 추진 동향과 시사점(IITP)

코로나 팬데믹 상황을 극복하기 위한 기술로 디지털 트윈의 활용성이 높아질 것으로 기대됩니다. 그리고 현재보다 복잡하게 연결될 미래 사회의 다양한 현상을 분석·예측하고 최적화하기 위해서는, 디지털 트윈을 구성하는 핵심 요소기술(연결, 분석, 예측, 동기화 및 가시화)이 최적화된 하나의 디지털 트윈 모델뿐 아니라, 서로 이질적인 분야에서 생성된 여러 개의 디지털 트윈 간 협업을 통해 문제를 해결하는 것이 필요합니다.

02

디지털 트윈 기술의
패러다임 변화

디지털 트윈은 리서치 기관인 가트너가 2017년 10대 주요 전략적 기술 동향에 선정할 정도로 중요한 기술입니다. 가트너 보고서(2019)에 따르면 디지털 트윈은 10년 안에 디지털 솔루션의 지배적인 패턴이 될 것이라고 전망하고 있습니다. 시장조사 기관인 IDC에서는 2022년까지 IoT플랫폼 공급업체의 40%가 시뮬레이션 플랫폼, 시스템 및 기능을 통합하여 디지털 트윈을 이용할 것이며, 제조업체의 70% 정도가 디지털 트윈을 사용할 것이라고 예상하고 있습니다.

디지털 트윈 기술이 성장할 수 있었던 요인으로는 클라우드 기반 플랫폼에 대한 수요의 증가와 사물인터넷(IoT)의 활발한 활용, 사물인터넷 및 자동화에 적용되는 센서 기술의 발전으로 인한 정확도 향상과 생산가격 하락, 인공지능의 발전, 5G통신과 같은 빠른 통신서비스 등이 있었기에 가능했습니다.

이러한 기술의 발전에 더해 비용 효율성, 프로세스 최적화, 생산성과 관련된 요구가 증가하면서 그 발전 속도가 가속화되고 있지요.

클라우드와 빅데이터에서 우월한 기술력을 보유한 아마존과 MS 기업은 공공 분야뿐만 아니라, 산업 분야에서도 성장을 이끌어내고 있습니다. 그 예로 보스턴시에서는 미국에서 제일 오래된 Boston Common이라는 공원이 있어요. 그

공원의 일조권을 위해 매사추세츠 주정부는 공원 주변의 건축물들이 일조권을 침해하지 못하도록 Boston Common Shadow Law라는 법안을 통과시켰습니다.

일조권을 측정하기 위하여 보스턴 BPDA는 GIS의 3D 모델링 기능과 Esri 의 전문서비스를 활용하여 도심지를 그대로 보여주는 3D모델을 만들어서 건물 로 생겨나는 그림자를 분석했습니다. 이러한 방법으로 건물을 24m 정도 낮춰, Boston Common Shadow Law에서 정한 기준 높이보다 높게 건설되면서도 공원 의 일조권을 침해하지 않게 건축할 수 있었답니다.

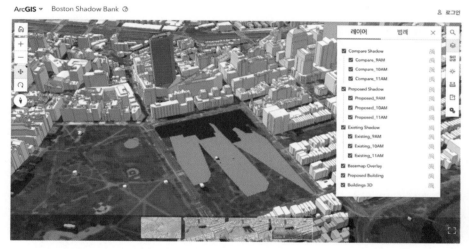

출처 : Boston Shadow Bank-arcgis.com

이처럼 디지털 트윈을 활용해 건물의 높이뿐만 아니라, 용적률, 건폐율, 사용 요건 준수 여부 등의 검토를 위해 각 부처 간 협업도 원활하게 이루어지고 있습 니다. 또한 시민들도 디지털 트윈을 활용할 수 있도록 BPDA를 개방하고 있어요. 지금은 일조량뿐만 아니라 해수면 상승 정도에 대한 분석데이터도 볼 수 있을 정도로 다양하게 활용되고 있지요.

일본의 경우, IoT, AI, 로봇 기술을 강화하고 관련 인재를 양성하여 다양한 산업에 적용하고 있어요. 특히 고령화로 인한 생산 인구 감소와 에너지·환경 제약과 같은 문제점을 해결하기 위해 '의료, 생산성, 모빌리티, 정보보안'이라는 4대 분야를 선정해 AI를 활용하여 각 영역이 서로 연결되는 생태계를 조성하고 있지요. 또한 Connected Industries를 발표하여 독일의 Industry 4.0과 같은 다른 나라들의 계획과 협력하여 시너지 효과를 높이기 위해 노력하고 있답니다.

이러한 흐름에 따라 우리 정부는 포스트 코로나 시대를 위한 새로운 성장 동력을 위해 '한국판 뉴딜'을 발표했습니다. 2025년까지 160조 원을 투자하여 190만 개 이상의 일자리를 창출한다는 계획으로 자율주행자동차, 드론 등을 활용해 안전한 국토 관리를 위한 도로·항만·댐·지하공간 등을 디지털 트윈으로 구축하고 있답니다. 특히 과학기술정보통신부에서는 5G와 디지털 트윈과 같은 신기술을 적용하여 새로운 시장 창출을 지원하고, 민간주도의 지능정보 서비스 산업을 육성하기 위해 '5G 기반 디지털 트윈 공공선도 사업'을 추진하고 있습니다.

디지털 트윈 기술은 사람, 자동차, 제조설비 등 현실세계의 실체 대상을 가상세계에 쌍둥이로 만들고, 현실 객체의 동작과 행위를 가상세계에서도 실현시킵니다. 이는 현실세계와 가상세계의 쌍둥이 개체가 서로의 변화를 동기화시켜 어느 하나의 변화는 상대 쌍둥이에게 변화를 불러일으켜 같이 발전할 수 있습니다.

이러한 개념과 효과는 제조업뿐만 아니라 교통, 의료, 환경, 안전 등 여러 산업 분야에서도 필요하기 때문에 점점 도입 사례가 증가, 확산되어 왔습니다. 현재 연구개발 및 시장 도입 현황에서도 관찰과 예측이 필요로 하는 모든 곳에서 활용 사례를 찾을 수 있어요.

최근에는 가상현실, 증강현실, 혼합현실, 디지털 트윈 기술이 결합하면서 메타버스로 재탄생하고 있어요. 우리 인간은 아바타의 형태로 실생활과 같은 가상현실 속에서 사회적, 경제적 역할을 수행합니다. 디지털 트윈은 여기에 접목해 현실의 게임장이 메타버스의 게임장으로 존재하고, 메타버스 게임장의 게임 상태와 결과가 현실의 게임장에도 나타나 현실공간의 게임장에서 메타버스 세계의 경험을 그대로 이어갈 수 있도록 발전되고 있습니다.

현실세계와 가상세계의 결합은 혼합의 정도(Degree of mix)에 따라 다양한 모습으로 나타나게 됩니다. 메타버스의 경험은 가상현실, 증강현실, 디지털 트윈, 혼합현실 등의 기술적 개념들이 결합하여 현실세계와 가상세계가 유기적인 동기화의 형태로 표출될 것으로 전망됩니다.

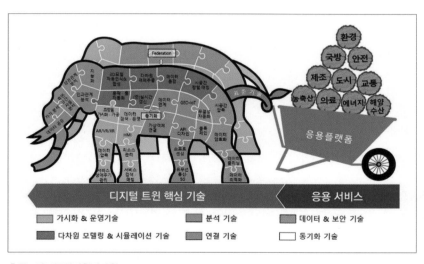

출처 : 정보통신기획평가원

03

디지털 트윈 기술의
활용 분야

CPS : 모든 사물들이 서로 연결되어 정보를 교환하는 사물인터넷(IoT)에서 컴퓨팅을 이용한 사이버 세계와 물리 세계가 발전된 IT기술을 통해 유기적으로 융합되어 사물들이 서로 소통하며 자동적, 지능적으로 제어되는 시스템이다. 기존 임베디드 시스템의 미래 지향적이고 발전적인 개념으로 기존 산업과 서비스에 새로운 부가가치를 부여한 융복합 산업을 구현하기 위한 핵심기술이다.

IoT, 빅데이터, AI, **CPS**(Cyber-physical system)등의 기술들이 발전하면서 이를 통해 생산성, 경제성, 안정성 등의 향상을 이루고자 하는 노력이 확산되고 있어요. 특히 제조 분야를 중심으로 디지털 트윈이 활용되고 있는데 AR과 VR, 인공지능의 발전을 통해 다양한 산업에서 활용되고 있습니다. 디지털 트윈과 관련이 있는 기술들이 점점 더 발전하면서 도로, 빌딩, 공장, 도시 등으로 대상이 넓어지고 있답니다.

① 제조 분야

디지털 트윈이 가장 활발히 적용되고 있는 제조 분야의 경우 설비의 이상을 사전에 감지하고 이를 정비하며 생산공정 흐름을 분석하여 비효율적인 부분을 개선하는 등 다양한 솔루션을 제공합니다. 디지털 트윈은 **스마트팩토리** 운영에 가장 핵심적인 기술 중 하나로, 디지털 트윈을 통해 실제 공정 상황을 모니터링 및 제어할 수 있는 가상공장을 구축하여 효율성과 안정성을 보장할 수 있게 되었습니다.

스마트팩토리(Smart Factory) : 사물인터넷과 빅데이터를 기반으로 한 인공지능으로 모든 설비시설이 무선통신으로 연결되어 정보를 주고받으며 실시간 모니터링을 통해 최적의 생산환경을 만드는 공장을 지칭한다. 일반적인 자동화 공장과는 다르게 사람은 설비의 유지보수 역할 정도만 실시한다.

〈제조분야 디지털 트윈 시스템 구성 예시〉

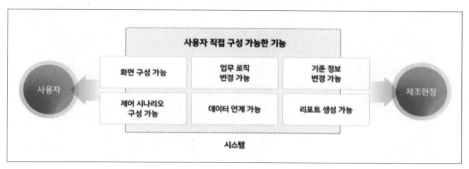

출처 : LG CNS 홈페이지

　　중소기업·중견기업에서는 물류 창고 이동을 로봇 기반으로 진행하고 있어요. 일반물류 창고는 다품종 소량 제품 처리를 위한 로봇 기반 창고 운영으로 확대되고 있으며, 수많은 로봇이 함께 협업하는 시스템으로 발전하고 있어요. 문제는 이런 로봇을 한두 대 제어하는 것이 아니라 많게는 천 대 이상을 제어해야 합니다. 수많은 로봇을 목표달성을 위해 활용하는 것이 디지털 트윈과 인공지능입니다.

　　기존 공장의 활용방식에 디지털 트윈 AI 접목 방식을 더해 현장문제를 해결하기도 합니다. 혼잡이 생길 만한 구간에서 인공지능을 통해 우회시키고, 문제를 스스로 해결할 수 있도록 하여 효율을 높이면서 편리하게 일을 할 수 있도록 도움을 제공하는 쪽으로 발전하고 있지요. 수많은 경우의 수를 가상의 디지털 트윈 공간에서 상상하고 시뮬레이션을 통해 가장 좋은 대안에 맞춰 해결합니다. 시뮬레이션을 통한 끊임없는 학습경험을 통해 몇 년 치의 학습을 만들고, 그 지능을 로봇에 옮겨 효율성을 증대시켜 현장에서 생산성을 높이고 있습니다.

출처 : 디지털 트윈 기술(MS)

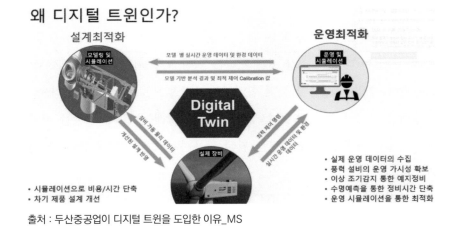

출처 : 두산중공업이 디지털 트윈을 도입한 이유_MS

② 스마트시티 분야

스마트시티란 교통, 안전, 환경, 주거, 복지와 같은 도시 서비스 분야에 ICT기술을 활용하는 도시입니다. 이러한 스마트시티를 구축하고 운영하는 데 필수적인 기술이 '디지털 트윈'이지요. 도시 상황을 실시간으로 모니터링할 수 있고, 도시 계획을 수립할 때 시뮬레이션이 가능하다는 점에서 행정 대응성을 높일 수 있습니다.

서울시는 '스마트시티 서울'을 만들기 위해 '버추얼 서울'을 만들고 활용하고 있어요. 서울 이외에도 세종, 부산 등 다양한 도시들이 스마트시티를 만들기 위해 디지털 트윈을 활용하고 있지요. 제조 분야에 비해 관련 기술이 아직 발전하진 않았지만, 시민의 생활과 직접적인 연관성이 있기에 이를 활용한다면 시민들의 불편함을 최소화할 수 있습니다.

버추얼 서울 : 서울시가 네이버랩스와 협력하여 서울시 전역을 3D모델링화 하여 제공하는 서비스이다.

출처 : https://virtualseoul.or.kr/

가장 완성도 높은 도시로 싱가포르를 꼽을 수 있습니다. 싱가포르 도시 전체를 구현해 놓은 '버추얼 싱가포르'를 통해 아파트, 도로뿐만 아니라 가로수, 벤치 등 모든 구조물에 대한 상세한 정보를 제공하고 있답니다.

〈Virtual Singapore 태양에너지 생산 잠재력 분석〉

출처 : https://www.nrf.gov.sg/programmes/virtual-singapore

③ 에너지 분야

디지털 트윈은 에너지 발전 분야에도 적용되고 있어요. 발전기의 경우 운전을 멈추면 전기 공급이 끊기기 때문에 지속적인 운전을 해야 하지만 고장을 예방하기 위해서는 주기적인 점검이 필요합니다. 운전 중인 발전기를 점검하기 위해 센서들을 활용해 점검의 정확성을 높이고 있어요. 이러한 센서를 통해 설비의 동작이나 이상을 실시간으로 모니터링하면서 미리 감지할 수 있습니다.

ICT 기술을 활용하여 실제와 동일한 디지털 트윈 발전소를 만들어서 운영하는 것을 스마트 발전소라고 합니다. 디지털 트윈 발전소에서는 발전소에서 수집되는 데이터들을 활용해 발전 설비의 운전과 정비를 실시합니다.

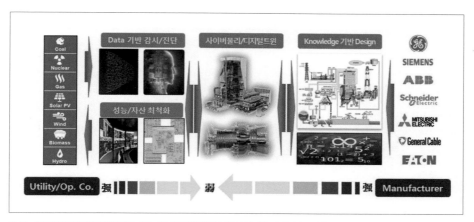

출처 : 발전산업의 디지털 변환, 지능형 디지털발전소(IDPP) (한전전력연구원)

독일의 지멘스 에너지의 경우, 이미 스마트팩토리 및 에너지 분야 활용을 위한 분석 플랫폼을 공개할 정도로 발전하고 있습니다. 2021년 엔비디아 옴니버스 플랫폼을 사용해 발전소의 유지보수를 지원하는 디지털 트윈 발전소를 구축하

〈NVIDIA Omniverse에 구현된 지멘스 에너지 발전소〉

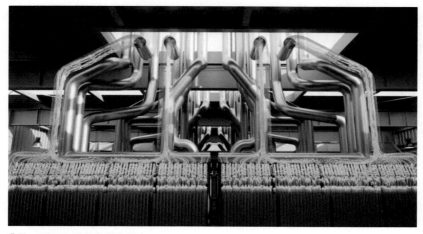

출처 : NVIDIA 공식 유튜브 채널

였어요. 지멘스를 통해 실제 발전소의 열역학적 효율성을 60% 이상 향상시켰습니다.

IDPP(Intelligent Digital Power Plant) : 빅데이터와 인공지능을 통해 설비의 상태를 사전에 예측하여 운영 비용을 최소화하는 기술이다.

IDPP 기술을 활용함으로써, 발전소의 설비 운영관리시스템 최적화를 통한 발전수익 극대화, 정비비용 최소화 및 운전 유연성을 확보할 수 있을 것으로 기대하고 있어요. 이는 궁극적으로 전력생산 비용의 최소화에 기여해 에너지 비용 측면에서의 국가 경쟁력을 높일 수 있습니다. 더불어 디지털 변환과 관련한 핵심기술의 조기 확보 및 국산화를 통해 해외로부터 기술 종속을 피할 수 있을 것입니다.

또한 가장 중요한 발전 디지털 생태계 조성을 위한 발전 분야 표준 플랫폼을 만들어 추가적인 이익을 창출할 수 있으며, 발전소를 보다 효율적이고 경제적으로 운영하는 데 큰 기여를 할 것으로 전망하고 있습니다.

④ 의료 분야

의료 분야에서도 디지털 트윈이 적용되어 다양한 실습을 반복적으로 할 수 있도록 기회를 제공하고 있어요. 수술을 하기 전 CT, MRI 등의 데이터를 기반으로 심장과 같은 장기를 디지털 트윈으로 만들어서 수술 전 가상의 수술을 통해 일어날 수 있는 경우를 점검하며 가상의 수술을 실시하여 수술의 정확도를 높입니다. 이를 메디컬 트윈이라고 부르기도 하는데 국내보다는 해외에서 활발히 적용되고 있어요. 국내에서도 관련 법규와 모델 신뢰성을 확보하여 이를 활용하기 위한 노력을 하고 있답니다.

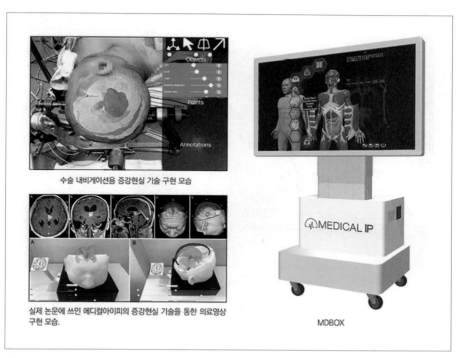

수술 내비게이션용 증강현실 기술 구현 모습

실제 논문에 쓰인 메디컬아이피의 증강현실 기술을 통한 의료영상 구현 모습.

MDBOX

출처 : 디지털 트윈 기술로 '의료 메타버스' 선도 (메디컬아이피)

기존 해부실습용 사체를 활용하는 실습 교육을 대체할 의료 메타버스 도입으로 교육 수준을 한 차원 끌어올릴 수 있게 되었습니다. 교과 과정에는 AI소프트웨어를 활용한 CT영상의 3D모델링 및 분석, 3D모델링 기반 인체 영상 분할, 분할 데이터 기반 VR·AR 해부학 콘텐츠 활용 실습, 3D프린팅 해부학 모델 제작이 포함되었어요. 이를 통해 의료영상을 3D로 구현하고 가상현실을 통해 인체 내부를 직접 분석할 수 있답니다.

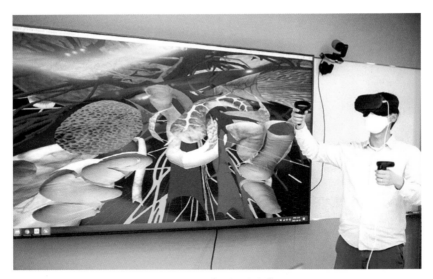

출처 : 메타버스 적용, 서울대 의과대학 커리큘럼(메디컬아이피)

학생들은 수술이 필요한 환자의 실제 데이터를 토대로 해부학 구조물을 직접 분할·추출하고, 이를 가공해 온라인 환경에 직접 업로드할 수 있습니다. 이후 업로드 데이터를 토대로 VR, AR, 3D프린팅 콘텐츠를 제작·체험하고 토론할 수 있어요. 환자의 3차원 콘텐츠가 메타버스에서 어떻게 구현되고 활용될 수 있는지 습득하여 해부학적인 능력을 극대화할 수 있답니다.

환자의 건강 데이터를 기반으로 디지털 트윈상에서 원격 진료를 보다 정밀하게 할 수 있도록 돕고 있어요. 그리고 환자치료뿐만 아니라 병원 운영에도 디지털 트윈이 활용되고 있어요. GE헬스케어는 환자들의 동선을 구현한 디지털 트윈을 활용해서 의료 서비스의 효율성을 높이고 있지요. 병원이 가지고 있는 데이터를 기반으로 가상의 병원을 만들고, 운영을 예측하는 시스템이에요. 이처럼 치료뿐만 다양한 의료 분야에서 활용되고 있답니다.

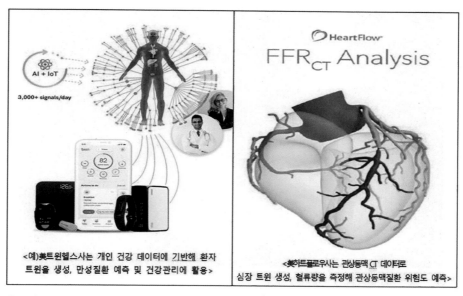

<예)美트윈헬스사는 개인 건강 데이터에 기반해 환자 트윈을 생성, 만성질환 예측 및 건강관리에 활용>

<美하트플로우사는 관상동맥 CT 데이터로 심장 트윈 생성, 혈류량을 측정해 관상동맥질환 위험도 예측>

출처 : '메디컬 트윈' 기술로 미래 의료 앞당긴다(한의신문)

⑤ 물류 분야

컨테이너 터미널의 운영 및 상태 모니터링, 시설 및 차량의 상태 모니터링, 냉장·냉동 창고의 상태를 디지털 트윈을 통해 실시간으로 관리할 수 있어요. 이미 국내 대형 물류기업들을 중심으로 물류 정보를 데이터화해 이를 수집, 분석하기 위한 노력을 하고 있어요.

디지털 트윈을 통해 물류기업들은 물류의 최적화는 물론 빅데이터를 분석하여 사전에 필요한 물건을 물류센터에 배치하여 보다 빠르게 배송하고 있어요. 여기에 주변 교통 상황을 파악하여 최적의 경로를 제공하고 있으며, 앞으로 해상, 공중, 지상을 아우를 수 있는 더욱 고도화된 통합적 물류시스템을 구축하는 데 디지털 트윈 기술이 기여할 것입니다.

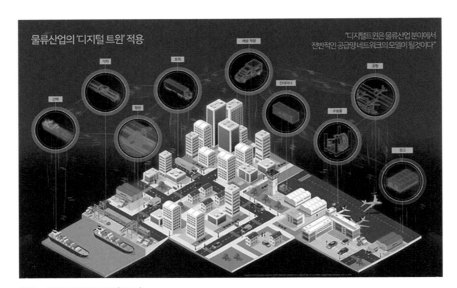

출처 : 물류 디지털 트윈(DHL)

〈DHL 스마트창고〉

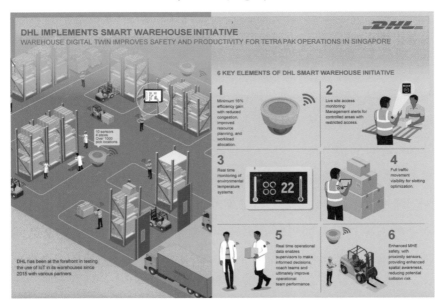

출처 : DHL Freight connections

독일 물류 배송업체인 DHL은 스웨덴의 용기 생산 업체인 테트라팩(Tetra Pak) 회사와 싱가포르에 세워진 테트라팩 물류창고를 디지털 트윈으로 만들어 관리하고 있어요. 디지털 트윈을 통해 물류 설비 상태 정보를 실시간으로 경영진에게 제공하면서 최적의 의사결정을 내릴 수 있게 도움을 주고 있지요. 온도 센서 등을 통해 냉장·냉동 물류를 보다 효율적으로 관리하고 있으며, 상품의 위치를 확인할 수 있어 물류의 흐름을 원활하게 하는 등 다양한 장점이 있어 기업 경쟁력을 크게 높일 수 있습니다.

04

게임공학 계약학과

구분	학교명
고등학교	경기게임마이스터고 게임개발과(경기 안양시)
	경북소프트웨어고 게임개발과(경북 의성군)
	단국대부속소프트웨어고 게임콘텐츠과(서울 강남구)
	덕수고 게임콘텐츠과(서울 성동구)
	서울디지텍고 게임개발과(서울 용산구)
	서울전자고 게임콘텐츠과(서울 서초구)
	세명컴퓨터고 게임소프트웨어과(서울 은평구)
	수원공고 디지털게임과(수원시 팔달구)
	울산애니원고 컴퓨터게임개발과(울산 중구)
	한국게임과학고 컴퓨터게임개발과(전북 완주군)
	한국애니메이션고 컴퓨터게임제작과(경기 하남시)
	한세사이버보안고 게임과(서울 마포구)
	화천정보산업고 AI게임개발과(강원도 화천군)
전문대학	경기과학기술대 게임콘텐츠과(경기 시흥시)
	구미대 비주얼게임컨텐츠스쿨(경북 구미시)
	동서울대 게임콘텐츠과(성남시 수정구)
	부천대 영상&게임콘텐츠과(경기 부천시)
	신구대 VR게임콘텐츠과(성남시 중원구)
	영진전문대 정보보안–게임콘텐츠과(대구 북구)
	유한대 VR게임·앱학과(경기 부천시)

대학교	동국대 게임멀티미디어공학(서울)
	상명대 게임학과(서울)
	동서대 게임학과(부산)
	동의대 게임애니메이션공학전공(부산)
	가천대 게임·영상학과(인천)
	계명대 디지펜게임공학전공(대구)
	한국공학대 게임공학부(경기 시흥)
	홍익대 게임학부(세종)

서울전자고는 서울 유일의 공립 전자계열 특성화고입니다. 게임회사와 협약을 통해 취업률을 높이고 있으며, 개발뿐만 아니라 게임을 해 보면서 부족한 점을 보완합니다. 또한 e스포츠 대회를 운영하고 있으며, 외부 대회에도 나갈 수 있는 기회를 제공하고 있습니다. 게임콘텐츠과는 게임 기획(시스템, 시나리오, UX 등)과 게임 프로그래밍(UI/UX, 알고리즘), 게임 그래픽 디자인, 게임 엔진 응용 프로그래밍 등을 중심으로 교육이 이루어집니다.

경기게임마이스터고는 게임 분야 국내 첫 마이스터고등학교입니다. 올해 개교한 지 3년이 되었으며 3학년생은 기업과 협업을 통해 조기 취업이 가능합니다. 한국게임개발자협회 정석희 협회장을 첫 교장으로 영입한 이유도 업계와의 네트워크를 토대로 취업의 길을 넓히기 위함입니다.

구미대 비주얼게임컨텐츠스쿨은 게임그래픽·콘텐츠 분야의 핵심 인력을 양성하는 학과로 그래픽 전공 자격증 특별반을 상시 운영하고 있습니다. 4년제 학사학위 전공심화과정 운영학과(1년과정)로써 비주얼게임컨텐츠학과 4학년 학사학위과정에 무시험 편입이 가능해요.

또한 교육부 사회맞춤형학과 지원사업 선정학과로 캐릭터콘텐츠인력양성을 하고 있지요. 그리고 도쿄 게임회사 글로벌 해외 직무연수(4주) 및 해외 인턴십(6개월)을 통해 해외 취업도 가능합니다.

유한대 VR게임·앱학과는 VR게임콘텐츠제작자와 기획자를 양성하고 있습니다. 가상현실콘텐츠 및 게임콘텐츠를 제작하는 데 필요한 알고리즘을 개발하고, 사용자와 상호작용할 수 있는 시청각 요소 처리와 최종 플랫폼에서 기획에 맞는 UX를 제공할 수 있도록 각 요소들을 종합해 다양한 교육과정을 통해 학습하고 있습니다.

게임기획자가 되고 싶은 학생은 게임 트렌드와 게임콘텐츠를 분석해 게임 아이디어 제안서를 작성하는 일을 배웁니다. 게임 시스템, 레벨, UI/UX, 스토리텔링, 시나리오를 종합해 기획서를 작성하며, 게임 완성을 목표로 프로젝트 및 런칭 관리를 하는 교육과정을 이수할 수 있습니다.

05

게임공학과 교육과정

① 경기과학기술대 게임콘텐츠학과

1학년	2학년	3학년
게임아트1 레벨디자인1 기초프로그래밍1 게임이론1 드림스튜디오1	캐릭터디자인1 빅데이터 윤리 하드섭 모델링1 게임아트3 게임프로그래밍 애니메이션1	메타버스1 스컬프링2 게임엔진1 캡스톤디자인1 이펙트1

경기과학기술대 게임콘텐츠학과는 3년제 과정으로, VR/AR, 온라인, 모바일, 콘솔 게임 등을 포함한 차세대 게임의 그래픽 콘텐츠 제작 및 애니메이션 영화나 실사영화의 이펙트 등에 들어가는 3D 그래픽을 배울 수 있어요.

3차원 그래픽 제작을 위한 1학년 과정의 게임 그래픽 기초 기본 3D프로그램, 2학년 과정의 게임 그래픽 응용 중급 3D프로그램, 3학년 과정의 포트폴리오 제작 단계로 체계적인 교육과정을 통해 기초가 탄탄한 게임 아티스트 육성을 목표로 하고, 게임과 더불어 3D 그래픽 기술을 바탕으로 한 애니메이션, 영화, 특수효과 등의 디지털 콘텐츠 제작 역량을 키울 수 있는 학과입니다.

또한 드림스튜디오를 활용해 해외 유명 게임, 영화, 애니메이션 리드 아티스트

의 온라인 강의도 들을 수 있습니다. 아울러 학과와 지역 산업 간 산학협력 강화
및 지속적 환류체계를 수립하고 있답니다.

② 상명대 게임학과

1-1	2-1	2-2	3-1	3-2	4-1
게임프로그래밍 입문	콘텐츠서비스 디자인	일본게임분석과 디지털 스토리텔링	게임소프트웨어 개발2	AI활용게임 소프트웨어개발	캡스톤디자인1
게임학개론	게임시스템 구조의이해	게임과 저작권	콘텐츠기획및 프리젠테이션	콘텐츠비즈니스	게임특강
C프로그래밍	게임자료구조	게임소프트웨어 개발1	게임스토리텔링	게임심리학	지능형혼합현실
1-2		게임시스템 디자인	콘텐츠서비스 개발2	게임인공지능	**4-2**
게임수학		콘텐츠서비스 개발1			캡스톤디자인2
JAVA 프로그래밍		알고리즘			산업현장 인턴십
게임컨셉디자인		게임서버 프로그래밍입문			

상명대학교 게임학과는 융합공과대학 SW융합학부에 속해 있어 게임산업에
서 요구하는 공학·인문·문화예술 융합형 인재를 양성해요. 수학과 프로그래밍,
자료구조, 소프트웨어 등 공학적 지식과 심리, 콘텐츠 비즈니스 등 인문·사회과
학적 지식, 스토리텔링, 캐릭터, 애니메이션 등 문화 예술적 지식을 융합함으로
써 게임 소프트웨어를 기획하고 창작해 상품화하는 능력을 갖출 수 있도록 교
육과정을 구성하였어요.

1학년 때는 게임 개발을 위한 기초이론을 배우고 2학년부터 게임을 직접 제작해요. 3학년 때는 게임 제작 모든 과정의 고급 능력을 습득하고, 게임기획자로서의 창의력 향상을 위해 스토리텔링을 배우며 고급프로그래밍 기법을 익힙니다. 4학년 때는 산업현장 실무 능력과 창업역량을 키울 수 있도록 구성하여 취업뿐만 아니라 창업 역량까지 기를 수 있답니다.

매 학기 프로젝트 수업이 진행되어 졸업까지 4건 이상의 게임개발에 참여할 수 있어요. 또한 학년을 거듭하며, 팀 작업으로 이루어지는 프로젝트 수업을 통해 국내 대규모 게임 전시회인 'G STAR', 'Play X4'에 출품할 만한 수준의 자신만의 포트폴리오를 만들어 갈 수 있어요.

또한 게임 인재의 소양으로 '협동심'이 중요함을 교육합니다. 게임은 대표적인 융·복합 콘텐츠이므로 다양한 분야의 사람들과 협업하고 소통하는데요. 이런 소양만 있다면 원래 게임에 관심이 없었더라도 충분히 게임 업계에서 능력을 발휘할 수 있을 것입니다. 게임을 만들거나 관련 일을 하고 싶지만 컴퓨터 프로그래밍을 잘 몰라 걱정인 친구라도 충분히 도전할 수 있습니다.

③ 계명대 디지펜게임공학전공

계명대 디지펜게임공학전공은 2007년 미국 워싱턴주 레드먼드 소재의 디지펜공과대학이 복수학위과정 협정을 체결해 신설된 학과입니다. 이 학과는 계명대에서 2.5년, 디지펜 미국 또는 싱가포르 캠퍼스에서 2년을 수학해 계명대와 디지펜공대의 학위를 동시에 취득할 수 있습니다. 모든 전공 과정은 영어로 진행되며, 수업은 디지펜공대에서 파견된 교수들이 진행합니다.

2학년
(Sophomore)

학기 (Semester)	강좌명 (Course)	학점 (Credits)
1	Vector Calculus I	4
	High-level Programming II: The C++ Programming Language	4
	Game Implementation Techniques	3
	Interpersonal and Work Com munication	3
	Project I	3

학기 (Semester)	강좌명 (Course)	학점 (Credits)
2	Vector Calculus II	4
	Operating Systems I: Man-Machine Interface	3
	Computer Graphics I	3
	Advanced C/C++	3
	Project II-A	4

3학년
(Junior)

학기 (Semester)	강좌명 (Course)	학점 (Credits)
1	Linear Algebra	3
	Motion Dynamics	4
	Motion Dynamics Lab	1
	Computer Graphics II	3
	Data Structures	3
	Project II-B	4

학기 (Semester)	강좌명 (Course)	학점 (Credits)
2	Discrete Mathematics	3
	Waves, Optics, and Thermodynamics	4
	Computer Networks I: Interprocess Communication	3
	Advanced Computer Graphics I	3
	Algorithm Analysis	3
	Project III-A	4

5학년
(5th grade)

학기 (Semester)	강좌명 (Course)	학점 (Credits)
1	Any ENG course of three credits or more	3
	Any CS Course numbered 200 or higher	3
	Any CS Course numbered 200 or higher	3
	Any HIS, PSY, or SOS course of three credits or more	3
	Project IV	4

④ 한국공학대 게임공학부

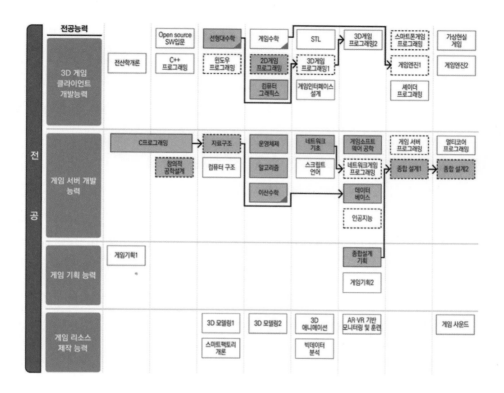

한국공학대(이전 한국산업기술대) 게임공학부 교과과정은 이론에 치우치지 않고 전체 교과과정 중 실습 시간이 43%를 차지하는 등 실습에 대한 비중이 높다는 점이 특징입니다. 3학년 겨울방학부터 1년 동안 팀제로 지도교수와 수행하는 졸업작품 제작은 그동안의 능력을 발휘하면서 실력을 향상시킬 수 있는 좋은 발판이 됩니다.

4학년에 개설돼 있는 가상현실 게임(Virtual Reality Game) 과목에서는 컴퓨터 비전 기술, 원격 현실감, 혼합 현실감, 멀티모달 인터페이스 등을 이용한 가상현실형 게임시스템을 개발할 수 있는 역량을 길러줍니다. 실제로 HMD(Head Mount Display), 무선 Game Pad 등을 활용한 가상현실 환경을 구현해 봄으로써 미래지향적 게임 환경을 경험하고 체감형 게임, 기능성 게임들의 원리에 대해서도 학습합니다.

셰이더 프로그래밍(Shader Programming) 과목을 통해 OpenGL Shading Language를 이해하고 이를 활용해 다양한 효과를 구현, 실제 활용할 수 있으며, 고급 그래픽스 효과(Advanced Graphics Effects) 과목을 배우고 게임 엔진을 이용해 게임 콘텐츠의 특수 효과 제작 및 고급 그래픽스 표현을 위한 다양한 기법을 학습하여 3차원 그래픽스 프로젝트를 진행할 수 있어요.

게임산업이 요구하는 창의적인 전문 인력이 되기 위해서는 수학 및 기초 과학 지식에 기반한 창의적 사고와 문제 해결 능력이 필요해요. 또한 게임소프트웨어 개발 능력과 팀 프로젝트를 통한 실무 능력과 협업 능력이 필요하기에 관련 경험을 동아리 활동을 통해 배양하는 것이 좋습니다.

06

게임공학과를 위한
과목 선택

2022 개정교육과정에서는 융합선택과목과 진로선택과목으로 세분화되어 자신이 전공하고자 하는 분야에 대해 깊이 배울 수 있도록 선택과목의 폭을 넓혔습니다.

교과	선택과목		
	일반선택	융합선택	진로선택
국어	화법과 언어 독서와 작문 문학	독서 토론과 글쓰기 매체 의사소통	주제탐구 독서 문학과 영상
수학	대수 미적분I 확률과 통계	실용통계 수학과제 탐구	미적분II 기하 인공지능 수학 심화수학I, II 고급수학I, II
영어	영어I 영어II 영어독해와 작문	실생활 영어회화 미디어 영어	영어 발표와 토론 심화영어 심화영어 독해와 작문
사회	사회와 문화 현대사회와 윤리	역사로 탐구하는 현대세계 사회문제 탐구 윤리문제 탐구	도시의 미래 탐구 법과 사회 윤리와 사상 인문학과 윤리

과학	물리학 화학	과학의 역사와 문화 융합과학 탐구 물리학실험	역학과 에너지 전자기와 빛 물질과 에너지 과학과제 연구 고급물리학
교양	논리학 진로와 직업 논술 정보	프로그래밍	지식재산 일반 정보과학

☑ 게임공학과에서는 어떤 교과를 이수하는 것이 좋을까요?

앞의 교육과정을 보듯이 게임수학을 비롯한 선형대수학, 이산수학과 일반물리학 등이 커리큘럼에 있을 정도로 수학과 과학 교과가 중요합니다. 따라서 프로그래밍을 잘하는 것도 중요하지만, 새로운 프로그램을 만들기 위해서는 인공지능 수학, 고급수학, 고급물리학을 학습해 게임의 다양한 기능과 원리를 탐구하는 것도 좋습니다.

그렇다면 수학과 과학에서 어떤 활동들을 할 수 있을까요. 만약 게임을 만들어보지 않았다면 2D버전을 먼저 생각하는 것도 좋아요. 우리가 캐릭터를 만들게 되면 게임에서 플레이어가 지형이나 오브젝트에 충돌하게 되어 있어요. 게임프로그래머들은 이런 충돌영역을 지정해 주어야 해요. 2D이미지 충돌을 처리하는 방법에는 사각형·사각형, 원형·원형, 사각형·원형 충돌을 사용하는 경우가 많아요. 이때 캐릭터의 좌측 하단의 x, y좌표로 우측 상단의 x, y좌표로 표기했을 때 충돌영역을 계산할 수 있어요. 이렇게 x, y의 좌표값을 통해서 충돌체크를 할 수 있지요.

그냥 보기에는 간단해 보이지만 이 과정에서 정확한 계산이 이루어지지 않는다면 우리가 흔히 보는 캐릭터의 움직임은 어렵습니다. 따라서 인공지능수학, 수학과제탐구, 정보과학 등에서 직접 게임을 제작해 보는 것이 좋습니다.

또한 사회문제에 관심을 가지고 이를 해결하는 탐구를 할 수 있어요. 교통이 혼잡한 지역을 확인하고, 신호등 체계의 변화를 시간대별로 나누어 본다든지 아니면 우리 지역의 문화관광지를 소개하는 것도 좋은 사례가 될 수 있답니다. 여기에 AR기술이 더해진다면 좀 더 좋은 프로젝트가 완성될 수 있겠지요. 이런 내용들은 사회문제탐구나 융합과학탐구 등에서 활용할 수 있습니다.

학습과 게임을 연결시켜 탐구할 수도 있습니다. 언어와 매체를 공부하면서 문법이 너무 어려운 경우는 그 문법에 재미있는 게임을 만들어 친구들에게 제공하는 것도 좋아요. 그리고 점심시간을 이용해 문법 배틀을 하면 더 재미있겠죠. 국어 교과 외에 영어단어 암기나 과학 이론 등도 활용할 수 있어요. 한 번 프로그래밍을 한 경우 내용이나 캐릭터만 간단하게 바꾸면 되기 때문에 어렵지 않게 응용할 수 있어요. 그렇게 만든 프로그램들은 친구들과 공유하는 것도 좋습니다.

☑ 지식재산일반 과목은 왜 들어야 할까요?

현재 많은 게임에서 특허와 관련된 문제가 발생하고 있습니다. 게임을 만들 때 필요한 기술로는 게임 운용 기술과 게임콘텐츠 기술, 단말기 기술이 있습니다. 특허는 각각의 요소 기술과 그 구성이 특허의 대상이 되지요. 한때 많이 유행했던 '모두의 마블'을 보면 주사위를 굴리는 프로세스나 슬롯머신으로 땅을 획득하는 프로세스 등은 특허가 가능합니다. 또 전 세계적인 인기를 얻고 있는 '배틀그라운드', '가온 스페셜넥 카드게임' 등에서는 캐릭터의 이동범위가 줄어들거나 공중에서 아이템이 떨어지는 프로세스가 특허로 고려될 수 있습니다.

이런 내용들을 활용하여 게임의 특허 구성이 어떻게 되어 있는지 그 특허가 해외에서는 문제가 없는지, 우리나라는 특허권 보호를 위해 어떤 제도가 있는지 등을 탐구할 수 있습니다.

07

게임공학과 관련
재미있는 탐구활동

① 틸트브러쉬를 활용한 게임 제작

틸트브러시는 평면뿐 아니라 가상현실 공간에서 입체 그림을 그릴 수 있는 가상현실 소프트웨어입니다. 다양한 효과를 넣을 수 있고 자신이 상상한 내용을 가상현실 공간에 만들어내는 게 가능해요. 가상현실 공간에서 동아리원들과 비대면으로 작업이 가능하며, 관람도 가능하기에 이를 활용해 다양한 제작을 할 수 있습니다.

→ 틸트브러시를 통해 가상현실 공간에서 보물찾기 게임 탐구하기

기사명		관련 영역	
주제명			
읽게 된 동기			
탐구 내용			
느낀 점			
추후 심화 활동			
학생부 브랜딩			

② 위즈랩을 활용한 게임 제작

자바스크립트 기반의 게임 코딩 툴을 사용하면 무료로 모든 기능을 이용할 수 있습니다. 100개 이상의 프로그래밍 명령어를 응용하여 52개 이상의 다양한 게임을 제작할 수 있어요. 초등학생도 만들 수 있을 정도로 쉽고, 직관적이라는 장점이 있답니다. 제작된 게임으로 모바일에서 플레이할 수 있어요.

→ 게임을 직접 제작해 보면서 친구들의 반응을 확인하고 추가 보완하여 완성도를 높일 수 있는 게임 제작방법 탐구하기

기사명		관련 영역	
주제명			
읽게 된 동기			
탐구 내용			
느낀 점			
추후 심화 활동			
학생부 브랜딩			

③ Unity3D를 이용한 전래동화 게임 제작

전래동화에는 조상들의 지혜와 해학, 교훈이 담겨 있기에 이를 게임으로 제작한다면 우리 문화의 위대함과 그 안에 담긴 지혜와 해학, 교훈 등을 얻을 수 있는 기회를 제공할 수 있습니다. 또한 생각하고 느낀 이야기를 바탕으로 게임을 제작할 수 있어 상상력을 키울 수 있는 장점이 있습니다.

→ 동화라는 간단한 스토리를 바탕으로 게임을 제작하면서 IT활용 능력, 코딩 능력, 창의력을 어떻게 키울지 탐구하기

기사명		관련 영역	
주제명			
읽게 된 동기			
탐구 내용			
느낀 점			
추후 심화 활동			
학생부 브랜딩			

메타버스 시대의
신뢰 기반 NFT

01

NFT 기술의 필요성

"NFT를 이해하려면 블록체인 기술을 알아야 할까요?"

대중의 주목을 받기 시작한 NFT는 예술계뿐만 아니라 이제 수집품, 게임, 스포츠 등 다양한 곳에서 활용되고 있어요. 도대체 NFT가 무엇이길래 왜 너도나도 NFT를 발행하고 비싸게 사고파는 것일까요. NFT를 이해하기 위해선 먼저 블록체인을 살펴 봐야 합니다.

블록체인은 데이터 분산 처리 기술로 모든 사용자의 데이터를 분산하여 저장하는 기술을 뜻합니다. 개인과 개인 간의 거래(P2P) 데이터를 블록에 저장합니다. 즉, 거래내역을 확인하기 위해서는 거래에 참여한 사용자가 보유한 모든 블록의 데이터를 대조하고 확인해야 하기 때문에 분산 거래장부 또는 공공 거래장부라고 합니다. 하나의 데이터를 여러 블록이 나누어서 저장하기 때문에 해킹을 하기 위해서는 모든 블록을 동시에 수정해야 하기에 해킹이 절대 불가능하다는 장점이 있어요. 그리고 거래 당사자들이 모두 데이터를 가지고 있기 때문에 은행이나 정부와 같은 중앙 관리자의 존재가 없이도 거래가 가능하며 다른 여러 나라에 있는 사람과의 거래 시에도 추가적인 환전이 필요하지 않다는 장점이 있답니다.

블록체인은 활용 목적과 데이터 관리 방식에 따라 퍼블릭 블록체인, 프라이빗 블록체인, 컨소시엄 블록체인 세 가지로 나뉩니다.

'퍼블릭 블록체인'은 누구나 접근 가능한 개방형 블록체인으로 채굴 등 알고리즘을 통해 거래를 증명하며 거래의 신뢰도가 높고 익명성이 보장되어서 비트코인과 이더리움과 같은 가상화폐가 여기에 해당됩니다.

'프라이빗 블록체인'은 개인형 블록체인으로 허가받은 이용자만 접근할 수 있도록 통제하여 개인정보를 보호하면서 필요시에 활용할 수 있는 방안으로 활용됩니다. 예를 들어 개인 의료정보, 기업의 특허정보 등이지요. 허가된 사람들만 이용할 수 있으며 누가 언제 로그인하고 열람했는지 확인할 수 있어 높은 효율성과 확장성을 기반으로 기업들이 특허를 보호하면서 원활하게 업무를 수행할 수 있어 기업형 블록체인이라고도 해요.

'컨소시엄 블록체인'은 반중앙형 블록체인으로 사전에 합의된 규칙을 통해 거래를 증명하고 권한을 차별화하여 민감한 정보를 관리할 수 있는 형태입니다.

〈블록체인의 유형과 특징〉

구분	퍼블릭	프라이빗	컨소시엄
방식	개방형	개인형	반중앙형
접근성	모든 사용자	허가받은 사용자 (단독기관 권한)	허가받은 사용자 (허가기관 공동참여)
거래증명	알고리즘 기반 (채굴)	중앙기관이 증명	사전 합의된 규칙으로 인정받은 사용자가 증명
장점	안정성, 투명성, 신뢰성	효율성, 신속성, 확장성	민감한 정보 관리 가능
단점	낮은 확장성 느린 거래 속도	상대적으로 낮은 보안성	사용자별 개입 및 지속적 조율 필요

☑️ 디지털 공간에서 전자화폐의 위조는 어떻게 막을까요?

보통 은행이 송금 정보를 중앙서버에 기록해서 이중지불을 막고 있어요. A가 B에게 100만 원을 송금한 후에는 A는 이 100만 원을 더 이상 사용할 수 없어요. 은행은 송금 정보를 기록해 전자화폐 시스템을 유지하는 역할을 합니다. 여기에 더불어 신용화폐까지 창출할 수 있는 은행의 막강한 힘은 사실 은행 인가권을 부여하는 정부에서 나옵니다.

노드 : 컴퓨터나 통신 네트워크에서 메시지가 생성, 수신, 전송되는 지점을 지칭하는 용어로 비트코인에서는 거래가 일어나는 통신지점 역할과 각 거래의 정보를 소유하고 있는 지점으로 블록체인 네트워크에 참여하는 서버 및 사용자를 지칭하는 용어로 사용된다.

그런데 비트코인은 '무정부주의(아나키즘)의 화폐'라고 부릅니다. 비트코인은 은행이라는 중개인을 없애고, 이 역할을 비트코인 블록체인이 맡고 있지요. 송금 정보를 중앙화된 은행에 보관하지 않고, 전 세계에서 참여하는 노드들이 모두 탈중앙화된 상태로 보관하여 참여하는 노드가 늘어날수록 기록된 데이터를 위변조하기 어려워집니다. 따라서 블록체인은 중앙서버 없이도 디지털 파일의 복제를 막아주는 기능이 있어 위조를 막을 수 있어요.

☑️ 특별한 한정판 투자자산, NFT도 복제가 가능한가요?

토큰들이 동일한 가치와 기능을 가져 서로 교환이 가능한 것으로 일반적인 화폐나 채권 등은 물론, 비트코인과 이더리움과 같은 일반적인 암호화폐도 대체가 가능합니다.

NFT : 대체 불가능한 토큰으로 원본 또는 진품이라고 인정받을 수 있는 집 문서와 비슷한 개념으로 고유한 성질을 지니고 있다.

이에 비해 NFT(Non-Fungible-Token)는 대체 불가능한 토큰으로 고유성을 가지고 있어요. 그리고 암호화된 거래내역을 블록체인에 저장함으로써 그 고유성을 인정받게 되는 것입니다. 즉, 복사가 가능한 파일도 그 고유 소유권은 원작자에게 있음을 나타내는 것입니다. 디지털화한 자산의 소유권과 저작권 등의 진위 여부를 확인하게 해주는 것이 NFT입니다. 이에 따라 부동산과 같은 실물자산이 거래가 가능한 것처럼 지식재산도 거래가 가능하게 된 것입니다. NFT도 그 자체로서 가치를 가지기보단 NFT를 소비하는 플랫폼과 결합할 때 그 가치가 인정받게 됩니다.

초기 NFT들은 온라인 게임을 통해 확장해 갔지만 지금은 예술, 스포츠, 엔터테인먼트 등과 같은 다양한 분야에서 확장 중이랍니다.

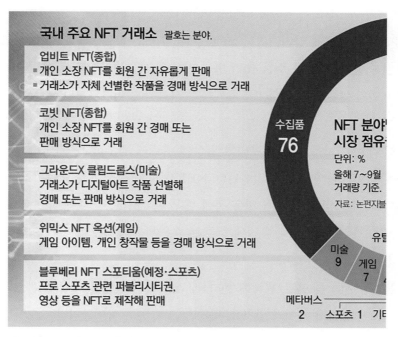

출처 : 판 커지는 NFT시장(동아일보)

02

NFT기술의
패러다임의 변화

"NFT기술이 우리의 일상을 어떻게 변화시키고 있나요?"

NFT가 대중에게 알려지면서 NFT 구글 검색량이 급증하였고, NFT 플랫폼의 주간 이용자 수도 한 주간 40만 명을 기록했습니다. 이후 많은 유명 인사들과 대기업, 인기 브랜드들도 NFT를 채택하는 사례가 늘어나고 있어요.

NFT라는 새로운 기술이 우리의 일상에 빠르게 침투하고 있으며, 다양한 산업군에서 NFT를 활용하고 있습니다. NFT가 시장에서 주목을 받기 시작한 지는 얼마 되지 않았지만, 가격 변동 폭이 매우 큰 자산으로 자리 잡고 있어요. 하지만 NFT가 가지는 가치, 우리에게 주는 효용은 산업적으로 미칠 영향이 매우 큽니다.

명품가방 시장을 예로 생각해 볼까요? 세상에는 수많은 명품 브랜드가 있지만 브랜드마다 가격 차이가 있지요. 하지만 그 가방의 아이덴티티를 모방한 이미테이션이 만들어지고, 하나둘씩 가방을 들기 시작하면서 사람들에게 많이 회자되고, 미디어 노출이 증가할수록 브랜드 가치는 높아질 것입니다. 이미테이션 제품을 가진 사람도 결국에는 오리지널 제품을 소유하고 싶다는 생각을 하게 될 것입니다.

☑ NFT에는 어떤 내용이 기록되어 있나요?

NFT에는 자산 고유 ID와 생성순서 외에도 작품명과 이미지 등 디지털자산을 나타내는 세부 정보가 담겨 있어요. 데이터 크기에 따라 온체인이 아닌 오프체인에 데이터를 저장할 수 있습니다. 블록체인에 모든 것을 넣을 수 있다면 좋겠지만, 블록체인이 무거워지고 가스비가 증가하는 단점이 존재합니다. 이러한 경우, tokenURI 함수를 활용하여 언급된 URI로 이동하여 메타데이터를 확인할 수 있어요.

☑ 오프체인에 저장된 NFT가 지워지면 어떻게 되나요?

NFT의 정보가 오프체인에 저장될 경우, 아마존 웹 서비스와 같은 클라우드 스토리지 솔루션을 이용할 수 있는데, 업체 서버에 문제가 발생할 경우 그에 따른 위험이 존재할 수 있어요. 따라서 탈중앙화 분산형 파일시스템 IPFS(Inter Planetary File System)에 대한 관심이 높아지고 있어요.

NFT 마켓플레이스인 오픈씨(OpenSea)도 NFT제작자가 IPFS 및 파일코인을 사용하여 NFT를 적절하게 분산할 수 있도록 지원하고 있습니다. IPFS는 파일과 아이디로 처리되는 하이퍼 미디어 프로토콜로, 동일한 파일 시스템으로 모든 컴퓨터 장치를 연결하기 위해 만든 시스템입니다. 현재 사용되고 있는 월드와이드웹(WWW)의 HTML은 기업들의 데이터 센터에 데이터가 저장되고 있어, 서버다운 혹은 해킹 시 취약하다는 단점이 있어요.

IPFS의 특징은 콘텐츠 주소로, 모든 컴퓨터가 분산 서버 역할을 하여 더 빠르고 안전한 웹을 구현하는 것을 목표로 하고 있답니다. 데이터 공유방식이 단일 서버가 아닌 모든 네트워크 참여자들의 P2P방식의 탈중앙화 웹이며, NFT에 사용되는 메타데이터를 안전하게 보관할 수 있어요.

현재 파일코인 IPFS 전체 네트워크 유효 스토리지는 11.6EiB(엑비바이트, Exbibyte)에 달하며, 하루 50~60PiB(페비바이트)가 증가하고 있어요. 치아네트워크의 네트워크 공간도 34.4EiB으로 매우 큰 규모입니다. 이는 NFT와 메타버스 시장의 확장으로 안전한 데이터 저장에 대한 수요가 증가하게 됩니다. 디지털 자산의 부각과 메타버스 시대가 열리면서 전 세계 데이터 생성량은 더욱 폭발적으로 증가할 것으로 전망됩니다.

〈기존 서버 방식과 IPFS 방식 비교〉

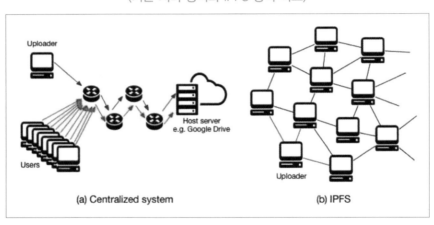

출처 : 유진투자증권

03

산업 전반으로 퍼져나가는
NFT

"NFT를 과연 누가 사고 있나요?"

MZ세대가 열광하는 문화 중 하나가 슈테크(신발+재테크)와 같은 리셀링입니다. 중고판매업자들이 대부분 리셀시장을 주도해 왔으나, 초기 비용 대비 큰 수익을 얻을 수 있고, 희소가치가 있는 제품을 빨리 알아보는 정보에 민감한 MZ세대가 이 시장을 견인하고 있어요. 한정판이나 신제품 출시가 있을 경우 전날부터 매장 앞에서 텐트를 치고 대기했었으나 이제는 온라인을 통한 무작위 추첨을 통해 구매 권리를 얻는 래플(Raffle)방식이 많아지고 있지요. MZ세대는 이러한 방식을 매우 공정한 방식으로 이해하고 있으며, 당첨이 되지 않아도 즐거워하는 게이미피게이션(Gamification) 문화를 가지고 있어요. 글로벌 리셀 시장은 40조 원 규모에 달하며, 국내 스니커즈 시장도 5,000억 원으로 추정될 만큼 큰 시장입니다.

NFT 역시 입찰자들 중 58%가 밀레니얼 세대이며, 대부분의 입찰자가 이미 NFT를 구매한 경험이 있다는 점에서, 주요 경매업체는 물론, 소규모 갤러리까지도 새로운 성장성을 확인하고 있습니다. 이들이 NFT작품을 판매하고 거래하는 데 적극적인 이유도 여기에 있어요. 보수적 성격이 강한 미술시장에서 이러한 빠른 변화는 상당히 이례적이라고 할 수 있으며, 경매업체들이 발 빠르게 움직이고 있다는 점에서 의미가 있습니다.

☑ NFT는 어떤 시장으로 퍼져나가고 있나요?

NFT는 미술시장에서 시작하여 게임, 디지털 아트, 동영상, 수집품 등 다양한 분야에서 판매되고 있어요. 여기에 부동산과 같은 실물자산의 소유권, 임차권, 전세권 등이 NFT에 연동되어 발행, 거래, 계약, 관리될 경우, 실물자산에 대한 정당한 권리자임을 확인할 수 있어 거래를 원활하게 할 수 있으며, 사기를 막을 수도 있습니다.

〈카사코리아의 처분신탁 및 디지털 증권 발행〉

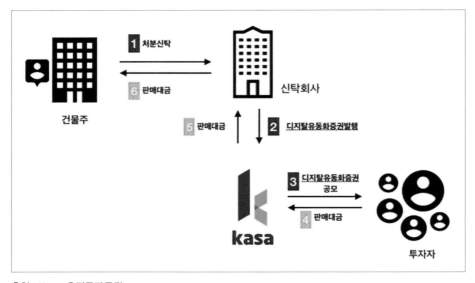

출처 : Kasa, 유진투자증권

또한 조각투자도 가능해 일정 비율에 대한 권리를 행사할 수 있습니다. 특정 건물을 보유한 법인에 대한 주식 및 증권을 블록체인상에서 NFT로 발행하는 것입니다. 증권형 토큰공개(STO)이기 때문에, 자본시장법상 증권성 여부 등 전 세계적으로 법 개정 및 규제에 대해 논의가 되고 있는 상황이어서 조만간 주식을 0.1주를 살 수 있는 것처럼 NFT도 조각투자를 할 수 있는 날이 올 것입니다.

04

그래픽(디자인) 계약학과

구분	학교명
고등학교	경기모바일과학고 모바일그래픽디자인과(경기 안산시)
	광주전자공고 디자인과(광주 광산구)
	군포e비즈니스고 그래픽디자인과(경기 군포시)
	대경상업고 SW디자인과(서울 중구)
	대전전자디자인고 광고영상디자인과(대전 유성구)
	대진전자통신고 산업디자인과(부산 금정구)
	분당경영고 그래픽디지인과(성남시 분당구)
	서울공고 그래픽아트과(서울 동작구)
	서울문화고 콘텐츠디자인과(서울 도봉구)
	서울전자고 컴퓨터그래픽과(서울 서초구)
	세경고 미디어콘텐츠디자인과(경기 파주시)
	신일비즈니스고 모션그래픽디자인과(고양시 일산서구)
	영락의료과학고 3D콘텐츠디자인과(서울 관악구)
	영신간호비즈니스고 영상그래픽디자인과(서울 노원구)
	예림디자인고 콘텐츠디자인과(서울 구로구)
	황지정보산업고 디지털컨텐츠과(강원 태백시)
전문대학	대전과학기술대 컴퓨터공학&그래픽과(대전 서구)
	신구대 그래픽커뮤니케이션과(경기 성남시)
	경기과학기술대 미디어디자인과(경기 시흥시)
	대림대 영상디자인전공(경기 안양시)
	영진전문대 콘텐츠디자인과(대구 북구)
	울산과학대 디지털콘텐츠디자인학과(울산 동구)

전문대학	전주비전대 방송영상디자인과(전주시 완산구)
	한국폴리텍 반도체융합캠퍼스 영상그래픽과(경기 안성시)
대학교	경기대 미디어영상학과
	광운대 미디어영상학부
	세종대 영상디자인융합전공
	동서대 디지털영상제작전공
	건국대(글로컬) 다이나믹미디어전공
	상명대(천안) 사진영상미디어학과
	한양대 에리카 영상디자인학과
	홍익대(세종) 디자인영상학부

경기모바일과학고는 기업가정신 기반 창업체험교육 연구학교, 소프트웨어 교육 선도학교, 중소기업청 사업 선정 학교로 선정되어 학생들에게 다양한 학습 기회를 제공하고 있어요. GMS진로직업교육프로그램 15개를 운영하여 깊이 있는 진로를 탐색할 수 있는 기회를 제공하고 있으며, 산학맞춤반을 운영하여 학생들에게 실무능력을 배양해 주고 있어요. 1팀 1기업을 방문할 수 있는 기회를 제공하여 현장에서 보다 빨리 적응할 수 있도록 하며, 동기부여를 심어주어 꿈을 실현할 수 있도록 도와주고 있어요. 아트앤디자인 코스와 만화·앱툰 코스를 운영하여 컴퓨터 그래픽 디자인 프로그램 활용 능력을 배양해 주어 디지털디자인, 스마트문화앱콘텐츠제작할 수 있어요.

서울전자고 미디어아트과는 웹기술과 웹미디어콘텐츠를 기획, 제작, 운영할 수 있는 전문적인 미디어콘텐츠 제작자를 육성합니다. 디자인 공모전 및 대회에 참가할 수 있는 기회를 제공하며, 프로젝트 수업을 통해 현장 맞춤형 디자인 능력을 배양합니다. 컴퓨터 그래픽, 디지털 디자인, 애니메이션 콘텐츠 제작, 스마트문화 앱 콘텐츠 제작, 광고 콘텐츠 제작 과정을 운영하여 실무형 인재를 양성하고 관련 자격증을 취득할 수 있도록 지원합니다.

05

그래픽(디자인)학과 교육과정

① 경기과학기술대 미디어디자인과

1학년	2학년
디지털사진1 컨셉아트1 3D프로그래밍1 포토샵1 모션그래픽스1 영상편집소프트웨어1	자기개발능력(미디어분야) 캡스톤디자인1 일러스트레이션 멀티미디어제작1 UI/UX 1 3D프로그래밍3 모션그래픽스3
창업실무 디지털사진2 컨셉아트2 3D프로그래밍2 포토샵2 모션그래픽스2 영상편집소프트웨어2	취업과 스타트업 문제해결능력(미디어분야) 캡스톤디자인2 멀티미디어제작2 UI/UX 2 3D프로그래밍4 모션그래픽스4

경기과학기술대 미디어디자인과는 조기취업형 계약학과 선도전문대학에 선정되어 기업이 요구하는 현장실무능력을 배양하기 위해 기업 수요를 반영한 '교육과정 개발'과 학생들의 창의적인 아이디어 구현 및 기업이 제시하는 프로젝트 과제를 수행할 수 있는 '교육환경'을 구축하여 지원하고 있어요. 또한 LINC+ 산학협력고도화형 사업에 선정되어 비즈니스 모델 개발을 위한 캡스톤디자인 대

회에 작품을 출품할 수 있는 기회 제공과 산학협력 프로젝트로 '스페이스 캅' 애니메이션을 제작하여 SBS에서 방영했어요. 그리고 주식회사 MJ플렉스와 업무협약 체결하여 취업을 지원하고 있답니다.

이 학과에서는 그래픽 툴을 활용하며 캐릭터와 배경 모델링 방법을 배워 완성된 모델링에 텍스처를 입혀서 씬을 완성하는 제작 방법을 배웁니다. 3D프로그래밍 1, 2에서는 배경과 캐릭터 모델링과 텍스처 렌더링을 배우며, 3D프로그래밍 3, 4에서는 산학 프로젝트를 제작하여 대회 출품용이나 3D 광고 등을 제작할 수 있는 능력을 배양할 수 있어요. 전 세계에서 가장 널리 사용되고 있는 고사양 소프트웨어인 Maya를 이용하여 모델링, 리깅, 쉐이딩, 라이팅 렌더링 기법을 마스터할 수 있어요.

TV, 매체광고, 영화나 드라마의 타이틀, 뮤직비디오를 포함한 영상매체와 웹디자인에서 모션그래픽은 가장 중요한 요소 중 하나예요. 실사 영상이나 이미지에 문자와 그래픽 이미지 영상을 또 다른 의미로 창출하거나, 또는 전달하고자 하는 내용을 더욱 강조할 수 있는 영상을 After Effect 등의 소프트웨어를 사용하여 영상의 표현효과를 극대화할 수 있어요.

그림의 기초가 없는 학생들도 기초부터 시작하여 체계적인 수업방식을 통해, 캐릭터 드로잉. 게임 컨셉아트, 배경디자인 등을 마스터할 수 있습니다. 자신감을 가지고 도전해 메타버스와 가상인간캐릭터를 만들어 그래픽디자인으로 성공하길 바랍니다.

② 울산과학대 디지털콘텐츠디자인학과

1학년	2학년
3D모델링 1 가상현실 엔진 기초 모션그래픽 1 웹툰연출과 창작 컴퓨터그래픽스	기업가정신과 창업 현장실습 1 3D모델링 2 가상현실 활용 그래픽디자인 응용 모션그래픽 2 웹툰작화
현장실습 2 3D애니메이션 1 가상현실콘텐츠 제작 1 디지털 영상제작 1 융합콘텐츠프로젝트 1 편집디자인	현장실습 3 3D애니메이션 2 가상현실콘텐츠 제작 2 디지털 영상제작 2 브랜드디자인 융합콘텐츠프로젝트 2 종합설계 및 창업

울산과학대 디지털콘텐츠디자인학과는 현장 중심의 실무형 교육을 제공하여 1인 1 포트폴리오를 제작할 수 있도록 하며, 졸업작품전 및 과제전에 남다른 창의력으로 작품을 제작할 수 있도록 도와줍니다. 실습 결과물을 공모전 출품으로 연계하여 전공 능력을 높여주며, 국제 공인자격증을 취득할 수 있도록 지원합니다.

Adobe Illustrator를 이용한 벡터그래픽에 대한 이해와 인포그래픽 및 캐릭터 디자인 실습을 통한 디자이너로서의 능력을 키울 수 있으며, Adobe Premiere와 AfterEffect를 활용하여 디지털 영상의 심도 있는 편집과 효과를 입혀 수준 높은 영상 프로젝트를 제작할 수 있어요.

또한 다양한 VR 플랫폼과 가상현실 엔진에 대한 개념을 이해하고, VR 엔진인 유니티(Unity)를 바탕으로 VR 콘텐츠를 제작할 수 있는 능력을 익힐 수 있어요. 또한 VR플랫폼에서 기본적인 콘텐츠를 개발, 다양하게 개발된 3D모델링 오브젝트, VR영상 등을 활용하여 수준 높은 VR콘텐츠를 제작할 수 있습니다.

③ 광운대 인터랙티브미디어커뮤니케이션전공

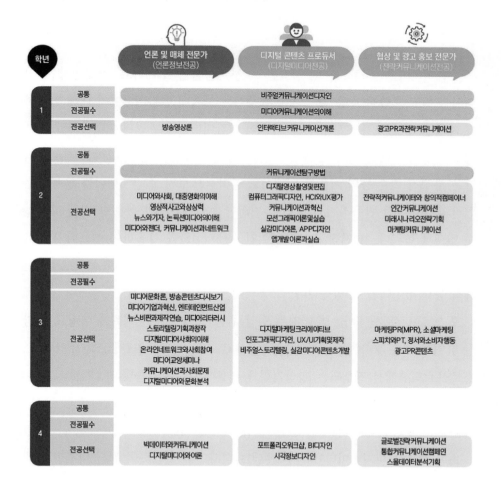

광운대 미디어커뮤니케이션학부는 인문사회과학대학에 속하지만 디지털 콘텐츠 프로듀서로서 일을 할 수 있도록 실습 위주의 수업으로 진행하여 웹, 게임,

디지털영상을 기획 및 제작할 수 있는 콘텐츠 기획자를 양성합니다.

디지털 기술의 발달로 데이터를 생성하고 공유하는 것이 가능해졌고, 방대한 양의 데이터를 수집하고 분석하는 것이 시대적 트렌드로 자리 잡고 있어요. 전략 기획을 위한 인사이트를 도출해낼 수 능력을 키워주며, 실제 프로젝트를 통해 스몰데이터를 빅데이터에 접목시켜 전략적 시사점을 찾아낼 수 있도록 교육합니다.

실감미디어를 이해하는 데 필요한 기본 개념들을 소개하고, 가상현실, 증강현실 그리고 혼합현실 등 다양하게 사용되는 차세대 실감미디어에 대해 이해하고 제작할 수 있도록 도와줍니다. 더불어 실감미디어와 관련된 미디어의 풍요성, 상호작용성, 프레즌스, 신체 소유감, 휴먼팩터와 사용자 경험, 그리고 피로도와 같은 부정적 이슈 등의 이론에 대해서도 알아봄으로써, 실감미디어를 사용하는 인간의 심리학적 반응까지 파악하여 기획단계에서부터 알아야 할 것을 파악할 수 있도록 합니다. 3D제작 소프트웨어인 시네마 4D를 사용하여 애프터 이펙트와 연계된 시각특수효과(VFX)를 익혀 후반작업이 이루어지는 포스트프로덕션 제작 능력까지 익힐 수 있습니다.

포스트프로덕션에서 이루어지는 영상 후반 작업에 대한 이해를 바탕으로 영상 타이틀 제작, VFX, Compositing, Color Grading 등의 테크닉 교육을 통해 포스트프로덕션에서 진행되는 영상기획 능력을 키울 수 있습니다. GUI(Graphical User Interface) 디자인 실습을 통해 인터랙티브 미디어 디자인 프로토타입(Interactive Media Design Prototype)을 제작할 수 있어요.

또한 새로운 디지털미디어 관련 콘텐츠 디자인을 실습하여 최신 디자인 트렌드를 학습할 수 있어요. 웹, 게임, 모바일 등 다양한 테크놀로지를 설문지, 아이트래커, 뇌파, Morae(웹유저빌리티 측정 도구) 등을 활용해서 직접 평가하는 방법까지 배울 수 있답니다.

06

그래픽(디자인)학과를 위한
과목 선택

2022 개정교육과정에서는 융합선택과목과 진로선택과목으로 세분화하여 학생들이 전공하고자 하는 분야에 대해 깊이 배울 수 있도록 선택의 폭을 넓혔습니다.

교과	선택과목		
	일반선택	융합선택	진로선택
국어	화법과 언어 독서와 작문 문학	독서토론과 글쓰기 매체 의사소통 언어생활 탐구	주제탐구 독서 문학과 영상
수학	대수 미적분I 확률과 통계	실용통계 수학과 문화 수학과제 탐구	기하 경제수학
영어	영어I 영어II 영어독해와 작문	실생활 영어회화 미디어 영어 세계 문화와 영어	영미 문학 읽기 영어 발표와 토론 심화영어 심화영어 독해와 작문
사회	사회와 문화 현대사회와 윤리 세계시민과 지리	역사로 탐구하는 현대세계, 사회문제 탐구, 윤리문제 탐구	도시의 미래 탐구 법과 사회 윤리와 사상 윤리학과 윤리
과학	물리학 화학	과학의 역사와 문화 융합과학 탐구	과학과제 연구 전자기와 빛

교양	논리학 철학 심리학 진로와 직업 논술	디자인 일반 컴퓨터 그래픽	가정과학 지식재산 일반

☑ 그래픽디자인학과를 지원하기 위해서 어떤 과목을 선택해서 심화 활동을 하는 것이 좋을까요?

기하 과목을 추천해요. 컴퓨터그래픽 기법 중 표면에 요철효과를 표현할 경우 범프매핑 기법을 통해 수직인 벡터의 방향을 적절히 변경하는 벡터의 내적 계산에 활용합니다. 또한 빛을 받은 밝은 부분과 빛을 받지 않는 어두운 부분을 렌더링하기 위해서는 벡터의 내적이 활용되지요. 따라서 기하를 공부하고 관련 모델링을 해 보면 더욱 이해를 잘할 수 있고, 활용 능력까지 키울 수 있습니다.

☑ 과학 외에 다른 과목은 어떻게 연계시키면 좋은가요?

매체에 높은 관심을 가진 학생들이 주로 미디어디자인학과, 그래픽디자인학과를 선택하는 경향이 있습니다. 디지털 매체 시대에 의사소통 능력은 더욱 중요해졌어요. 기능주의 언어학자인 할리데이(Halliday)에 따르면, 언어는 어떤 대상이나 사건을 기호를 통해 표상할 수 있으며, 소통 주체 간의 상호작용이 가능하며, 텍스트를 조직하는 기능에 의해 성립합니다. 따라서 언어를 시각 이미지로 표현할 수 있는 능력을 키우기 위해서는 '매체 의사소통' 교과목을 들으면 좋아요.

평소 독서와 글쓰기를 좋아하는 친구들은 '독서토론과 글쓰기', '주제탐구 독서'를 통해 자신이 평소에 호기심이 있었던 것을 조사해 토론활동이나 탐구활동을 하면서 관련 배경지식을 키울 수 있어요. '유튜브로 검색하는 학생들 과연 괜

찮을까?' 아니면 '숏폼으로 얻은 지식, 미래 역량을 키우는 데 도움이 되는가?', '짜집기와 편집은 어떤 차이가 있는가?' 등 다양한 내용에 대해 토론하면서 친구들의 생각까지 들어보면 사고의 폭을 넓힐 수 있어요. 또한 시사적인 내용을 선택하여 글쓰기나 주제 탐구활동을 해 보는 것도 다른 학생들과 차별화시킬 수 있는 좋은 전략이 될 것입니다.

07

그래픽(디자인)학과 관련
재미있는 탐구활동

① 인포그래픽 시각화 자료의 장단점

학생들이 교과서에서 텍스트보다도 시각화 자료에 먼저 주의를 기울이는 경우가 많습니다. 텍스트 자료와 시각화 자료를 활용한 교육 내용의 이해 정도를 테스트하고, 더욱 효과적인 시각화 자료를 알아보는 탐구를 할 수 있습니다.

→ 정보의 시각화를 통해 학생들에게 효과적으로 정보를 전달하기 위해서는 정보를 가공·표현하고 디자인할 수 있는 방법 탐구하기

기사명		관련 영역	
주제명			
읽게 된 동기			
탐구 내용			
느낀 점			
추후 심화 활동			
학생부 브랜딩			

② 그래픽 계산기의 필요성

복잡한 계산이나 문제해결력 향상 등을 위하여 계산기나 컴퓨터를 중학교 수학에서 활용할 수 있도록 했지만, 교육현장에서 제대로 활용되지 않고 있습니다. 2015 수학과 교육과정에서도 학생들의 흥미를 유발하고 학습의 효율성과 다양성을 도모하기 위해 시청각 자료, 멀티미디어어나 인터넷 등의 컴퓨터 활용 매체와 교구, 계산기, 교육용 소프트웨어 등을 이용할 것을 권장하고 있어요. 그래서 함수와 이차방정식에서 계산기를 활용하는 경우, 그렇지 않은 경우 수업의 만족도와 수업 이해도를 설문조사하여 그래픽 계산기의 필요성을 탐구할 수 있습니다.

→ 수학의 흥미를 높이고, 활용도를 높일 수 있는 방안으로 계산기를 활용하는 방법 탐구하기

기사명		관련 영역	
주제명			
읽게 된 동기			
탐구 내용			
느낀 점			
추후 심화 활동			
학생부 브랜딩			

③ VR 콘텐츠 피로감을 줄이고 몰입을 높일 수 있는 시간 측정

레이턴시(Latency) : 일반적으로 자극과 반응 사이의 시간을 지칭하는 것으로 사람의 눈에서 뇌를 통해 손으로 전달되는 과정 중 발생하는 지연과 이를 VR 기기에서 처리하는 과정 중에 발생하는 지연이 겹치면서 생겨나는 짧은 시간의 간극을 의미한다. VR 콘텐츠들은 주로 클라우드 서비스를 기반으로 하는데 사용자가 입력한 정보가 화면에 처리되는 시간을 서비스 상용화 기준으로 0.06초 이내여야 한다.

VR 기기의 Latency는 최소화해야 하는 것으로 VR 기기의 처리과정 중에서 각 단계별 지연시간이 발생하면 어지러움을 느끼게 됩니다. 이러한 이질감과 불쾌감을 줄일 수 있으면서 몰입감을 높일 수는 시간이 어느 정도인지 학생들을 대상으로 테스트하여 그 시간을 알아보는 방법을 탐구할 수 있습니다.

→ VR Latency와 최소 Frame Rate의 실사 영상 비교하는 탐구하기

기사명		관련 영역	
주제명			
읽게 된 동기			
탐구 내용			
느낀 점			
추후 심화 활동			
학생부 브랜딩			

조기취업형
계약학과 선도대학

01

조기취업형 계약학과

조기취업형 계약학과는 대학과 기업이 계약을 통해 현장실무역량을 갖춘 인력을 양성합니다. 기업에서 필요한 인력을 양성하기 위해 교육비의 일부를 기업에서 부담하고, 대학은 기업 수요에 맞추어 교육과정을 개발 및 운영해 기업에 인재를 공급하죠. 조기취업형 계약학과는 입학과 동시에 취업이 확정되어 2학년 때부터 직장인으로 일과 학업을 병행하며, 학사학위를 3년 만에 취득할 수 있습니다.

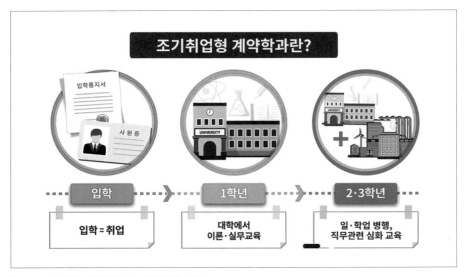

출처 : 조기취업형 계약학과 선도대학(종합포털)

조기취업형 계약학과를 운영하는 대학

2018년부터 시작되어 현재 8개 대학 28개 학과가 참여하고 있습니다. 참여대학별 3~4개의 조기취업형 계약학과를 운영하고 있으며, 4차 산업혁명에 맞추어진 학과들로 구성되어 있습니다.

출처 : 조기취업형 계약학과 선도대학(종합포털)

지역	대학	학과
경기	가천대	첨단의료기기기학과 게임영상학과 디스플레이학과 미래자동차학과
	한국산업기술대	ICT융합공학과 융합소재공학과 창의디자인학과

경기	한양대 에리카	소재부품융합전공 로봇융합전공 스마트ICT융합전공 건축IT융합전공
충남	순천향대	스마트모빌리티공학과 스마트팩토리공학과 융합바이오화학공학과
전남	국립목포대	첨단운송기계시스템학과 스마트에너지시스템학과 소프트웨어학과 스마트비즈니스학과
	전남대	기계IT융합공학과 스마트융합공정공학과 스마트전기제어공학과
부산	동의대	스마트호스피탈리티학과 미래형자동차학과 소프트웨어융합학과
경북	경일대	스마트팩토리융합학과 스마트전력인프라학과 스마트푸드테크학과 스마트경영공학과

조기취업형 계약학과를 통해 얻는 이점

① 배운 내용을 업무에 적용해 실력향상과 좋은 이미지 전달

학교와 회사를 병행하기 때문에 학교에서 배운 내용을 더 자세히 찾아보고 공부하면서 그것을 곧바로 업무에 적용하기에 업무적응 능력과 실력을 더욱 향상시킬 수 있습니다. 회사에서 업무 경력이 있는 선배들의 도움을 톡톡히 받는 것이 이점이 됩니다. 열정적인 자세로 개발자의 지식을 얻겠다는 마음가짐으로 질문하면 더 많은 지식을 얻을 수 있고, 하고자 하는 열정이 좋은 인상을 심어주어 현장 체험한 기업에서 취업으로 바로 연결도 가능합니다. 또한 실력을 쌓아 경력직으로 이직하는 데에도 많은 이점이 있습니다.

② 배운 것을 백 퍼센트 활용하는 기쁨

꾸준히 공부하고 일심히 일한 결과로 더 다양한 프로젝트를 맡을 수 있어요. 학교에서 배운 지식을 바탕으로 프로젝트를 진행하니 공부한 내용을 100% 활용하기에 더 높은 성과로 이어집니다. 실제 프로젝트를 성공적으로 마치면서 쌓은 지식은 실전에서 바로 활용할 수 있는 능력이 되어 자신감을 가지고 현장에 임할 수 있습니다.

③ 일하면서 찾은 나의 숨은 능력

일하면서 가장 중요한 부분 중 하나는 업무가 적성에 맞아야 한다는 것이에요. 적성에 맞으면 그만큼 시간을 절약할 수 있고, 다양한 나노학위과정을 이수하여 실력을 쌓을 수도 있습니다. 또한 소비자가 요구하는 부분이 무엇인지 파악하고 이를 개발하는 능력까지 갖춰, 자연스럽게 고객사와 개발자 간의 의사소통 능력과 조율하는 능력까지 익힐 수 있답니다.

④ 하나씩 채워지는 포트폴리오

학교에서는 다양한 분야를 배우고 실무에서는 회사의 맞춤형 결과물을 만들어내면서 자신감이 생깁니다. 하나하나 채워지는 포트폴리오를 보면서 내가 계속 발전하고 있다고 느낄 수 있죠. 자신이 직접 만든 광고를 통해 홈페이지 유입률이 높아지고, 직접 그린 그림을 웹툰 형식으로 만들면서 디자인에서 3D 애니메이션까지 폭넓게 지식을 익힐 수 있어요. 디자인 분야 외에도 여러 가지 공학을 융합시킨 지식이나 4차 산업 혁명 등 새로운 시대의 기술을 디자인에 적용하면서 다양한 결과물을 만들어내게 됩니다.

02

게임·영상학과

입학과 취업을 위한 창의적 실무인재를 양성하기 위한 3년 6학기제로 운영되어 학사학위를 취득할 수 있어요.

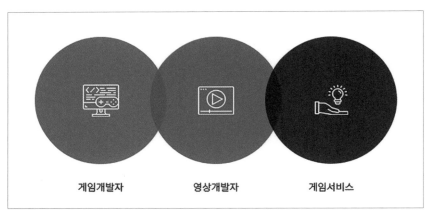

게임개발자   영상개발자   게임서비스

출처 : 가천대학교 조기취업형 계약학과

구분	SW기초	트랙별 기초과목	트랙별 심화과목			창의융합
			프로그래밍	영상그래픽	프로듀싱	
1-1	파이썬 기초	게임분석, 게임산업개론, 게임개발, 프로세스이해, 게임엔진				기초공학설계1 (창의설계실습)
여름학기	파이썬 응용	고전게임의이해, 게임스토리텔링				영상미디어 프로젝트
1-2	프로그래밍1, SW활용2 (영상그래픽)	게임플랫폼, 게임UI/UX, 게임그래픽				기초공학설계2 (창의설계실습)
겨울학기	프로그래밍2, SW활용2 (게임툴)					QA테스트특강, 게임전문가특강
2-1			게임 프로그래밍1, 데이터베이스, 자료구조 네트워크	게임그래픽, 기초 드로잉, 애니메이션, 영상그래픽툴	게임기획1, 게임운영, 문서작성법, 게임시나리오	
여름학기			게임 프로그래밍2	게임그래픽2	게임기획2	
2-2			심화게임 프로그래밍1, 시스템 프로그래밍, 모바일 프로그래밍, 게임알고리즘	심화게임 그래픽1, 게임2D모델링, 게임컨셉디자인, 게임특수효과	심화게임기획1, E-스포츠, 게임O.V 테스팅, 게임시스템기획	게임프로젝트1
겨울학기			심화게임 프로그래밍2	심화게임 그래픽2	심화게임기획2	VR/AR 프로젝트
3-1		현장교육				게임프로젝트2
여름학기		기업연구1				시리어스게임 프로젝트
3-2		기업연구2				게임프로젝트2

기업	특징
요망진 연구소	주요생산품 : 관광 소비데이터 및 메타버스 에이전시 마케팅, 콘텐츠 개발 직무 : 프로그램 기획 및 개발, 콘텐츠 개발
페이크 아이즈	주요생산품 : XR 메타버스 게임 및 솔루션 직무 : 소프트웨어 기획 및 개발
푸른숲 이엔티	주요생산품 : 방송, 영화 관련 세트장 설립 및 운영 직무 : 프로그램 개발 및 운영
RBT MOTORS	주요생산품 : 스마트카 제조/생산, 시뮬레이션 소프트웨어 개발 및 공급 직무 : 소프트웨어 기획 및 개발
DELICIOUS	주요생산품 : 모바일 게임 개발 직무 : 프로그램 개발 및 운영
Q games	주요생산품 : 소프트웨어(게임) 개발 직무 : 프로그램 개발 및 운영
크라운드터틀	주요생산품 : 소프트웨어(게임) 개발 직무 : 프로그램 개발 및 운영
나디아 소프트	주요생산품 : 스마트 플랫폼 게임 개발 / VR 플랫폼 게임 개발 직무 : 프로그램 개발 및 운영
디캐릭	주요생산품 : VR/AR/MR 소프트웨어 직무 : 프로그램 개발 및 운영
비즈아이솔루션	주요생산품 : 온라인 마케팅 솔루션, 모바일 서비스, 메타버스 플랫폼 개발 직무 : 프로그램 개발 및 운영
빅토리아 프로덕션	주요생산품 : 에듀테크 증강/가상현실/메타버스 콘텐츠 제작 및 출판 직무 : 프로그램 개발 및 운영
이블 스튜디어	주요생산품 : 모바일 게임, 반응형 증강현실 게임 직무 : 프로그램 개발 및 운영
익센트릭 게임그루	주요생산품 : VR/AR 콘텐츠 직무 : 프로그램 개발 및 운영

※ 약간 변동이 있을 수 있으며 자세한 내용은 학교 홈페이지에서 확인하기 바랍니다.